中学校英語サポートBOOKS

全員を授業に引き込む！

中学校英語
導入のアイデア

楽山 進 著

明治図書

はじめに

　私が英語教師になってまもない頃，先輩の英語教師が次のような言葉を教えてくれました。
　「自分が生徒のときに教わったように，生徒に教えてはいけません。」
　まだ若かった私は，最初にこの言葉を聞いたとき次のように解釈しました。自分が受けてきた古い教育は真似してはいけません。新しい実践を学び自分の授業に取り入れなさいと。いつの時代も新しい知識や技術を学ぶことは大切で，それを自分の実践に活かすことができたらさらに素晴らしいでしょう。しかし，何十年も前に学んだ英語を使って世界中で活躍している日本人はたくさんいます。我々教師が幼い頃受けてきた英語教育がすべて間違いだったとは思いません。それどころか自分を英語好きに育ててくれた恩師たちには深く感謝しています。日本の英語教育は日々着実に進歩しているはずなのに，とある研究会で「教わったように教えるな」という言葉をつい最近もまた耳にしました。これはいったいどういうことでしょうか。
　1つの学年で複数クラスを担当していると，最初のクラスで上手くいったことが次のクラスではなんだか反応がよくなかったという経験があります。私はそんなとき「このクラスはノリがよくなかった。」などとブツブツつぶやきながら職員室に戻ったものです。「教わったように教えるな」この言葉のもう一つの意味が「クラスや生徒の実態に合わせて指導を工夫することが必要である」ということに気付いたのはそれから何年も経ってからのことでした。上手くいかない授業を生徒のせいにしていた私の恥ずかしい経験です。
　中学校教師は多忙です。「教師は授業で勝負」と言われますが，落ち着いて教材研究に取り組む時間を確保するのは容易ではありません。朝の登校指

導から日々の生活指導，学校行事，校務分掌，部活動指導，場合によっては時間外の保護者対応などするべきことが山積しています。この本を手にされた先生方の多くも，きっとそうに違いありません。学習指導要領の改訂に伴い，学習すべき語は小学校で学習した語に1600語～1800語程度を加えた語，小学校や高等学校との接続，文構造と文法事項の追加，「話す」活動は「やりとり」と「発表」に細分化され4技能5領域になったことなどを考慮しながら，授業は基本的に英語で行うことなどが求められています。

　本書では，初任や若い英語教師を対象に一人でも多くの生徒を授業に引き込むことができるように，効果的な導入例を紹介しました。現行の教科書にならって文法事項と言語材料の配列を行い，1つの題材は見開き2ページで左ページには文法項目と導入のポイントを，右ページには英語で行う授業に対応できるように教師のSmall Talkや生徒とのやりとりの例を台本形式で示しました。生徒の実態に合うように所々アレンジしながら授業の叩き台として使っていただければ幸いです。英語の授業では他の教科に比べて「導入」に重きが置かれているようです。日常生活で生徒たちが触れる機会が少ない英語という教科特有の傾向かもしれません。生徒一人ひとりが目を輝かせながら授業の扉を開いてくれることを期待しつつ，私はこの本を書きました。

2018年10月

著者　楽山　進

Contents

はじめに　2

Part 1　導入で全員を授業に引き込む3つのポイント

POINT 1　生徒の感覚を刺激する　8
POINT 2　生徒の身近なトピックを扱う　10
POINT 3　学びの環境を整える　12

Part 2　中学校英語　導入のアイデア60

1年

1　【教室英語】動作で教室英語　16
2　【自己紹介 I'm ～. I like ～. など】ちょっとフェイクな自己紹介　18
3　【be動詞 I am ～. / Are you ～?】勘違い質問　あなたは○○さん？　20
4　【be動詞 This is ～. / Is this ～?】これは私の○○？　22
5　【be動詞 He is ～. / She is ～.】私の○○紹介　24
6　【疑問詞 Who】この人はだれ？　26
7　【一般動詞・肯定文】1日の生活　28
8　【一般動詞・疑問文／否定文】○○を持っていますか？　30
9　【一般動詞・三単現】私と彼と彼女　32
10　【疑問詞】ネットで音声検索　34
11　【疑問詞 Why】理由を教えて！　36
12　【How many ～?】クラスの合計はいくつ？　38
13　【命令文・Let's ～.】○○しましょう　40
14　【What is this?】これは何？　42

⑮ 【疑問詞 Where】それはどこにあるの？　44
⑯ 【所有格・独立所有格】だれの教科書？　46
⑰ 【代名詞目的格】彼を知ってる？　48
⑱ 【現在進行形】ライブで実況中継　50
⑲ 【助動詞 can / can't】みんな違ってみんないい　52
⑳ 【一般動詞（過去形）】昨日○○した人は何人？　54

2年

㉑ 【be 動詞（過去形）】○○はどうだった？　56
㉒ 【過去進行形】そのとき彼らは何していた？　58
㉓ 【Show me ＋ 名詞】私に見せて，私に教えて　60
㉔ 【call+A+B】それを何て呼んでいる？　62
㉕ 【look ＋形容詞】何に見える？　64
㉖ 【未来形（計画・予定）】あなたの予定は？　66
㉗ 【未来形（意志・単純）】とっさに答えてみよう　68
㉘ 【不定詞（名詞的用法）】したいこと／したくないこと　70
㉙ 【不定詞（副詞的用法）】何のためにそうしたの？　72
㉚ 【不定詞（形容詞的用法）】すべきこと／すべきもの　74
㉛ 【must / have to】日本のルールと外国のルール　76
㉜ 【接続詞 when】嬉しいとき／悲しいとき　78
㉝ 【I think that 節】私の考え　80
㉞ 【There is / There are】そこにあるのは何？　82
㉟ 【動名詞】こんなときはどう過ごす？　84
㊱ 【比較級】どっちが○○？　86
㊲ 【最上級】最も○○なのは？　88

㊳ 【比較級／最上級】more と the most　90
㊴ 【依頼と許可】小さなお願いきいてくれる？　92
㊵ 【感嘆文】驚きと不満　何て○○なの！　94

3年

㊶ 【受動態】だれの作品？　96
㊷ 【make A ＋ B】あなたを幸せにしてくれるものは？　98
㊸ 【Show & Tell】日本の文化紹介　100
㊹ 【完了形（継続）】私が続けていること　102
㊺ 【完了形（経験）】こんな経験ありますか？　104
㊻ 【完了形（完了）】もう○○した？／ちょうど○○したところ　106
㊼ 【不定詞（原因を表す副詞的用法）】あなたの感想は？　108
㊽ 【発音】さようならカタカナ英語　110
㊾ 【誘い】誘う／応じる／断る　112
㊿ 【疑問詞 ＋ to】そのやり方知ってる？　114
51 【It is ～ for ～ to ～.】私にとって必要なこと／興味深いこと　116
52 【want ＋（人）＋ to ～】あなたにしてほしいこと　118
53 【tell ＋（人）＋ to ～】○○するように言う　120
54 【後置修飾（前置詞）】メガネをかけている男の人は？　122
55 【現在分詞（修飾）】○○している人が○○さんです　124
56 【過去分詞（修飾）】○○で話されている言語は…　126
57 【間接疑問文】彼の誕生日いつか知ってる？　128
58 【関係代名詞（主格）】こんな友だちがいます　130
59 【関係代名詞（所有格）】この人の○○，実は○○です　132
60 【関係代名詞（目的格）】自慢の一品　私が○○した○○です　134

Part 1

導入で全員を授業に
引き込む3つのポイント

POINT 1

生徒の感覚を刺激する

1　視覚に働きかける

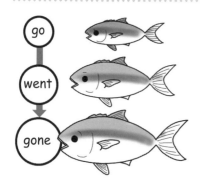

　　初任のときに見た研究授業のエピソードである。授業のはじめに先輩教師が黒板に色チョークを使って丁寧に魚の絵を描き始めた。成長するにしたがって名前が変わっていく出世魚の絵だった。出世魚を引き合いにして，不規則動詞の説明を行う場面であった。授業の後さらに先輩の英語教師から出世魚の絵と不規則動詞の変化には，英語としての本質的な関係がないと辛口の指摘を受けていた。それでも絵を描いた英語教師は「ぼくは毎時間できるだけ授業のどこかで絵を描くことにしています。」と言っていた。その教師が絵を描くと生徒は必ず黒板に注目して話を聞いてくれるからだと説明していたのを今でも覚えている。全国で多くの中学校が荒れていた時代の話である。不規則動詞の説明に出世魚のイラストが適切だったかどうかは別として，その授業にしばらくの間生徒の目が釘付けになったのは事実である。視覚資料には生徒を引き付ける強力な力がある。本来の授業では，提示するイラスト，写真，図表などが題材の内容理解や自己表現等の支援として使われるべきであることは言うまでもない。

●視覚資料が効果的に働く導入場面

言語材料・題材	イラスト等の内容
This is 〜. / That is 〜.	動物，施設，道具，人物など
What is this?	実物，道具，食べ物，動物など
一般動詞（I play 〜. / I study 〜.）	スポーツ，楽器，教科など
比較級／最上級	高さ，大きさ，数値等を示す図表
説明文，物語文	ストーリーの場面，登場人物など
乗り換え案内／道案内	地図，道路図，路線図，時刻表など

2　聴覚に働きかける

　JTE や ALT の Small Talk や教材 CD の英語以外に，音楽やその他の音声も有効に活用したい。

言語材料・題材	音声等の内容
What is this?	動物の鳴き声，乗り物の音など
Which is more beautiful (exciting)? Have you ever listened to this song? This song is called (　　　).	各種ジャンルの音楽 ※ J-POP，K-POP，洋楽は人気曲の事前調査が効果的。

3　運動感覚に働きかける

　Classroom English や命令文，依頼文などの学習では，動作を伴いながら英語を聞いたり話したりして言語を習得する方法も効果的である。It is (easy／difficult) for me to play (kendama). の学習では教師や生徒が実際に動作を行いながら，感想を英語で表現する方法も考えられる。

POINT 2

生徒の身近なトピックを扱う

1　教師のエピソードを活用する

　導入場面では教師が身のまわりの様子や出来事について本時の目標文を使いながら Small Talk を行い，生徒にその話の内容を類推させる手法がある。言語材料自体が初出のものであっても，教師に関する情報はどの生徒にも共通する背景知識として内容理解の助けになる。また教師が英語の授業の中で自己開示を行うことで生徒の教師に対する心的距離が近づき，その距離が教科の内容に対しても近づいてくれることを期待したい。筆者が導入場面で用いる教師自身に関する資料と指導内容には次のようなものがある。

●題材1　1日の生活
　教師の生活について，起床，朝食，自宅出発，学校着，仕事，帰宅，夕食前後の行動，就寝等の時刻と様子を数秒ずつの動画で録画し，それを再生しながら Show & Tell を行う。動画を使用することで日常の習慣を表す表現，過去形，What time? の学習等にも活用できる。スマートフォンやタブレットの録画機能を使うだけで特に編集をする必要はない。また教師の生活に関するプレゼン自体が生徒にとっては興味深い題材である。動画が準備できない場合は時計とイラストを板書しながら Small Talk を行うだけでもよい。

●題材2　比較級

　まず教師と生徒を比べる質問を出題し，生徒に答えを予想させる。次に結果を示し目標文を英語で表現させる。
①教室で生徒と教師が腕相撲をして教師が負ける，という場面を見せて。
　　質問：Who is stronger Student A or Mr. Rakuyama?
　　結果：Student A is stronger than Mr. Rakuyama.
②生徒の美術作品と教師の絵を比べて生徒の作品の方が美しい。
　　質問：Which is more beautiful, Student C's picture or Mr. Rakuyama's?
　　結果：Student C's picture is more beautiful than Mr. Rakuyama's.
　生徒が生き生きと表現するのは教師の成功よりも教師の失敗であることが多い。だから教師は決して腕相撲では生徒に勝ってはいけないし，生徒より上手な絵を披露してはいけない。同じ教室に教師と対決した生徒が密かに思いを寄せている彼や彼女がいるかもしれない。英語の授業では常に生徒がHero であり Heroin でなくてはいけないと思っている。

2　生徒とのやりとりを活用する

　導入場面で生徒とのやりとり（インタラクション）を通して，多様な表現を引き出したり情報を交換したりしながら本時の目標に迫っていく方法がある。授業において生徒が最も自然に英語を発する場面があるとすれば，その多くは英語で質問されたときである。そして多くの生徒が最も答えやすい質問は知識を問うものではなく生徒自身や身のまわりの事実に関することである。やりとりに慣れるまでは Yes / No で答えられる質問を中心に行い，Wh-question に対する応答は1語であっても寛容に受け入れ，メッセージの授受が行われているうちは教師も会話そのものを楽しめばよいと思う。Part 2では導入例のやりとりで教師が生徒の言葉を拾って生徒が本当に言いたかったことを目標文に迫る形でフィードバックする例を示した。

POINT 3

学びの環境を整える

　学びの環境を整えるというのは，英語の授業だけに必要なことではなく，導入場面だけに必要なことでもない。しかし授業の導入がしっくりいかないとその後の展開も何となくぎこちなくなってしまい，教師の一方的な説明や指示だけで授業が進んでいくことが多い。生徒が黙々と活動に取り組むことは決して悪いことではないが，少なくとも英語の授業では４技能５領域のうち，「聞く」「話す（やりとりと発表）」の言語活動においては「黙々と」学習に取り組むことはあり得ない。特に導入の場面では「聞くこと」と「話すこと」を中心に学習が展開していくことが多い。そのために生徒が安心して教師や友だちとやりとりしたり自分の考えを述べたりできる環境を整えることは教師の大切な役割である。

1　定番のフレーズは繰り返し使って慣れさせておく

　Part 2で紹介した導入例では，教師が１年生に対して学年が進まないと教科書では扱われていない表現を使っている場面がところどころ見られるが，生徒とのやりとりに必要なフレーズは早い時期から意図的に繰り返し何度も使いながら慣れ親しませておくとよい。１年生の最初に行うClassroom Englishの授業で定番の表現を導入しておくことで，円滑な授業展開を期待することができる。

●生徒の活動を促す定番のフレーズ
・言いたいことを表現できずに生徒が困っているとき
　In this case, you can say ……．
・生徒に瞬間的な回答を求めるとき
　Can you guess what（who, when, where）？
・生徒にあることをしてほしいとき
　I'd like you to 〜．
・生徒を励ますとき
　You can do it. ／ Take it easy. など

2　生徒をほめて教室の空気をあたためる

　授業が始まったらすぐに生徒のよいところを見つけて，教室の空気をあたためておくことで導入時のアプローチがスムーズに行くこともある。ほめる材料が見つからないときはI like your smile. でも大丈夫。大人でさえI like the color of your tie. と言われて悪い気はしない。子どもはなおさらである。
　教師はほめ言葉のバリエーションをいくつも用意しておきたい。

●ほめ言葉のフレーズ
・一言でほめる　　　Amazing! ／ Fantastic! ／ Excellent! ／ Brilliant!
・１文でほめる　　　I'm proud of you. ／ That's really nice.
・進歩をほめる　　　You're getting better.
・考え方をほめる　　I like the way you think.

Part 2

中学校英語
導入のアイデア60

1 動作で教室英語

🖉 教室英語
Stand up. Open your book. Raise your hand. 他

1 ねらい

●表現内容
・教室英語を聞いて，適切な動作を行うことができる。

●文法／言語材料
・挨拶，名前，曜日，時間，天気等の質問や指示に対して適切な応答ができる。

2 導入のポイント

・教師の質問や指示に対して，クラス全員がシンクロして言語や動作で応答するというタスクを与え，日常の教室英語をゲーム感覚で学習する。
・生徒の反応を観察しながら英語の音声と意味が結び付いているか確認する。
・多くの内容を一度に定着させるのではなく，日常の授業を通して生徒が徐々に慣れることができるよう継続的に指導を行う。

小学校で扱う表現例

Please write your favorite〜.：好きな〜を書いてください。/ Make a pair with a person sitting next to you (in front of you / behind you).：隣に座っている人（前の人，後ろの人）とペアになりなさい。など

●板書例

3　導入の手順と方法

①教師は英語または日本語で"Listen to English and take (immediate) action.（英語の指示を聞いて素早く行動してください。）"のように教室全体に指示を投げかけ，生徒の教室英語の定着度合いを確認する。

- Stand up. / Sit down. / Raise your hand. / Open your textbook to page ten.
- Look at〜.（視線の動きが確認できるものを指定するとよい）
- Write〜 / Copy〜.（プリントの記名や板書の書写など）
- Make a pair.（いすを向かい合わせる，机を寄せ合うなど）
- Make a group of four.（4つの机を向かい合わせるなど）

②教科書にある基本表現を中心に，教師がこれからの授業で使う指示をテンポよく繰り返し練習する。

③全体の動作が上手くシンクロできるようになったら，グループごとに学習の成果を発表させてもよい。

5～10min　1年　2年　3年

2 ちょっとフェイクな自己紹介

> ✎ 自己紹介 I'm ~. I like ~. など
> 小学校で学習した自己紹介のいろいろな表現

1　ねらい

●表現内容
・自分の名前，出身，好み等について話すことができる。
・友だちの自己紹介を聞き，疑わしい情報があれば指摘することができる。

●文法／言語材料
・I'm ~./ I'm from ~./ I like ~./ I can ~./ I have ~. 等の表現を使って自分自身のことについて表現したり，聞き取ったりすることができる。

2　導入のポイント

・生徒の実態に応じて，「名前，出身プラス３文」のような目標を与えるとよい。
・英文を書かせたり，覚えさせたりしてから発表させると生徒の能力差が生じやすく活動が滞りやすい。最初は板書やワークシートの表現リストを見ながら，口頭練習させることで生徒の活動量を確保することができる。

> 小学校で扱う表現例
> My name is ~./ I'm from ~./ I like ~./ I can (play ~ well) ./ I have ~./ My birthday is ~./ My favorite ~ is ~./ I want to be ~./ I'm good at ~. など

●板書例
〈自己紹介の表現〉
・My name is ～.（名前）・I'm from ～.（出身）・I'm ～.（年齢）
・I like ～. / My favorite ～ is ～.（好み）
・I have ～.（家族やペット）
・I can (play ～ well). / I'm good at ～.（得手・不得手）
・I want to be ～.（将来の夢）・My birthday is ～.（誕生日）など

3　導入の手順と方法

①教師は自己紹介モデルを提示する
・小学校で扱った自己紹介の表現リストをカードやスライド等を使って提示しながら，教師自身の自己紹介モデルを示す。
・紹介文にはウソの情報も含まれていることをあらかじめ伝えておき，気付いた生徒にはその箇所を指摘させる。

T：My name is（教師の氏名）. I'm from Tokyo. I'm thirteen years old.
S1：（挙手して）Thirteen?
T：（指摘された部分を訂正し自己紹介を続ける。）I'm sorry. I'm thirty. I like animals very much. I have two tigers.
S2：(Do you have two) Tigers?
T：（指摘された内容について訂正する。）Oh, sorry. I have two cats.

②生徒自身の自己紹介発表
　生徒にも（ウソ情報を交えた）自己紹介を考えさせ，グループやクラス全体の場で発表させる。

⏱ 5〜10min　1年　2年　3年

3　勘違い質問　あなたは○○さん？

> ✏ be 動詞 I am 〜. / Are you 〜?
> I am Tanaka Emi. / I am not Tanaka Eri. / Are you Tanaka Rika ? / Yes, I am. No, I'm not.

1　ねらい

●表現内容
・相手の名前，出身，年齢などについて相手にたずねることができる。
・相手の質問に対して正しい情報を伝えることができる。

●文法／言語材料
・Are you 〜?／ Yes, I am.　No, I'm not.　I'm 〜. などの表現を使って，メッセージのやりとりを行うことができる。

2　導入のポイント

・教師の質問に対して生徒の答えが No となる質問を意図的に行うことで，生徒に正しい情報を自己表現させる場面を与える。
・「名前」「出身」「年齢」のように I'm 〜. を使って表現できる内容に絞って行う。
・実際のコミュニケーションでも起こりうる勘違いを利用してできるだけ自然に基本文の導入を行うとよい。
　（例）13歳の生徒に Are you thirty ?
　　　　「ミキ」さんに Are you Miku ？など

●板書例

〈自分のことを伝える〉

I'm Tanaka Emi.（私はタナカエミです）

I'm not Tanaka Eri.（私はタナカエリではありません）

〈相手にたずねる〉

Are you from New York?（あなたはニューヨーク出身ですか）

Yes, I am.（はいそうです）No, I'm not.（いいえ違います）

3　導入の手順と方法

①ケース1　生徒の「名前」を間違える

T：（わざと名前を間違えて）**Are you Emi?**

S：（困った表情で）No……．

T：（謝りながら）Oh, I'm sorry. You are Eri!（正しい情報の言い方を伝える）In this case, you can say, **"No, I'm not. I'm Eri."**

②ケース2　生徒の「年齢」（13歳と30歳）を間違える

T：**Are you thirty?**

S：（thirty を thirteen と勘違いして）Yes.

T：（ビックリした表情で）Oh, really?
（生徒が自分の誤りに気付かない場合は）Are you thirteen or thirty? のように補助質問を行うとよい。

S：**No, I'm not. I'm thirteen.**

③同様に Are you from～? を使って出身地や出身小学校等についてのやりとりを行い，必要に応じて板書を使って Yes と No の答え方についてまとめる。

| 10〜15min | 1年 | 2年 | 3年 |

4 これは私の○○？

> ✎ be 動詞 This is 〜. / Is this 〜？
>
> This is my book. / Is this my book? / Yes, it is. / No, it is not. It is my book.

1　ねらい

●表現内容
・手元にあるものについて，その持ち主を確認するやりとりができる。

●文法／言語材料
・Is this my/your 〜？／Yes, it is.／No, it is not. を使ってやりとりができる。

2　導入のポイント

・疑問文の導入は，教師が生徒の持ち物を手に取り，生徒に Is this my book/pen? などの質問をする。my〜の意味を勘違いして"Yes."と答えた生徒には Thank you. と言って，その持ち物を取り上げるふりをすることで，ハッと気付いた生徒からは自然な No. を引き出すことができる。日本語で自家用車をマイカーと表現するように，my〜の意味を勘違いする生徒は案外多い。

> 小学校で扱う表現例
> Who is your hero? / This is my hero.

●板書例
◆肯定文
（手元にあるもの）**This is my book.**
（遠くにあるもの）**That is a school.**
◆疑問文
Is that a school?（あれは学校ですか）
Yes, it is.（はい，そうです）
No, it is not. It is a library.（いいえ。それは図書館です）

3 導入の手順と方法

① Is this ～？の導入（生徒の勘違いを利用した導入例）
T：（生徒の教科書を手に取って）**Is this my book?**
S1：(my book の意味を勘違いして) Yes.
T：Really? Thank you.（などと言って生徒の教科書を取り上げる）
　　No と答える生徒が出てくるまで，同様の質問を他の生徒にも繰り返す。
S2：（ハッと気付いて）No.
T：**No, it is not my book. It is YOUR book.**（と言って生徒に教科書を返す）

② Is this ～？の導入（自然な使用場面を意識した導入例）
T：（教師は手を滑らせてペンケースの中身を生徒の机の上にばらまき）Is this my pen? または Is this your pen? などと言いながら１つずつ確認していく。
S3：Yes. ／ No.
T：Yes, it is. ／ No, it is not.（と言って表現を補う）

③ Is that ～？の導入例
T：（窓の外を指さして）**Is that a city library?** など

⏱ 5〜10min　　1年　　2年　　3年

私の○○紹介

✎ be 動詞 He is 〜. / She is 〜.
He is my father. / She is my mother.

1　ねらい

●表現内容
・相手に第三者の情報を伝えることができる。

●文法／言語材料
・He is 〜. He is not 〜. / She is 〜. She is not 〜. を適切に使って人物紹介ができる。

2　導入のポイント

・写真，スライド，動画等の視覚資料を提示しながら，英文を聞かせることで生徒の理解を促したい。
・He is 〜. She is 〜. を使って，生徒にとって未知の情報を聞き取らせることでメッセージ性のある導入を図りたい。
・最初はいろいろな男性の写真を連続して見せながら He is 〜. を使って人物紹介を聞かせる。次に女性の写真を見せて，She is 〜. を用いた紹介文を聞かせることで，He is 〜. と She is 〜. の違いに気付かせる。

― 小学校で扱う表現例 ―
Who is this? / He is famous. / She is great.

●板書例

He と She の使い分け

◆男性の場合

This is Takeshi. He is my father.

◆女性の場合

This is Ikumi. She is my mother.

※否定文は，He is not 〜. She is not 〜. で表現する。

3 導入の手順と方法

①男性の紹介を行う。

T：(教師の父親の写真を見せて) Look at this picture. **This is Takeshi. He is my father.** He is fifty years old. He is from Osaka.
　　(続けて教師の祖父，兄弟，息子など"He is 〜."を使って人物紹介を行う。)

②女性の紹介を行う。

T：(教師の母親の写真を見せて) This is Ikumi. Can you guess who?

S：Your mother?

T：Yes, **she is my mother. She is fifty years old.**
　　(必要に応じて教師の妻，姉妹，娘などの紹介を行う。)

③He is 〜. と She is 〜. の使い方について整理する。

T：(①②で紹介した人物の写真を再度1枚ずつ見せながら) Who is this?

S1：He is Takeshi. / He is your father.

S2：She is Ikumi. / She is your mother.

6 この人はだれ？

> ✏️ **疑問詞 Who**
> Who is this man?/ He is Mr. Morita. / He is a teacher.

1　ねらい

●表現内容
- 人物の名前，職業，自分との関係などについて，やりとりを行うことができる。

●文法／言語材料
- Who is 〜? を使って質問をすることができる。
- 上の質問に対して，He is 〜. She is 〜. を用いて適切に対応することができる。

2　導入のポイント

- 応答の仕方に慣れたら，ヒントを聞き取らないと答えられないような人物や問題の提示方法を工夫すると面白い。教師の質問やヒントを聞いたり，やりとりを聞き取ったりすることで，新しい気付きが生まれるような工夫を図りたい。
- 問題となる資料の提示方法は，顔写真以外にシルエット，歌声（音声）等も考えられる。

> 〈小学校で扱う表現例〉
> Who am I? / Who is this?

●板書例
〈質問と答え方〉
Who is this woman?
She is Ms. Sugita .（名前）
She is my teacher .（職業や自分との関係）

3 導入の手順と方法

①有名人の写真を提示する。
T：（男性の写真を見せて）**Who is this man?**
S：(He is) Mr. Abe.
T：Yes, **he is Abe Shinzo.** He is the prime minister.
T：（女性の写真を見せて）**Who is this woman?**
S：**She is Kana. She is a singer.**
※①では生徒の反応に He is〜. She is 〜. を補いながら目標の答え方に気付かせる。

②小学校時代の担任，某グループのメンバー，スポーツ選手などのシルエット，歌声等を提示する。
T：**Who is this?**
S1：I don't know.
S2：Is she a singer?
T：（ヒントを与える）She is a 〜. / She is a member of 〜.
S3：She is Ms. Sugita.
T：Yes, **she is your music teacher, Ms. Sugita.**
※②では生徒とのやりとりを通して，英語を聞き取って考えさせる工夫を図る。

7　1日の生活

⏱ 10〜15min　｜　1年

✏ 一般動詞・肯定文

I get up at seven. / I walk to school. など

1　ねらい

●表現内容
- 1日の生活を英語で説明することができる。

●文法／言語材料
- I get up at seven.（起床）・I leave home at seven fifty.（出発）
- I walk to school.（通学方法）・I get to school at eight ten.（学校着）
- We have lunch at twelve thirty.（昼食）
- I play soccer after school.（放課後）
- I usually study before dinner.（家庭学習）
- I go to bed at about eleven.（就寝）

2　導入のポイント

- 教師の一方的な説明にならないように，生徒とのやりとりを行いながら1つ1つの表現を紹介していく。
- イラストやできれば動画などを使いながら，英語で説明を行い生徒の理解を促す。

小学校で扱う表現例

What time do you (get up) ? / I (usually) (get up) at (7:00) .

● 板書例

〈私の生活〉

I get up at seven. （起床）
I leave home at seven fifty. （出発）
I walk to school. (I go to school by bike.) （通学方法）
I get to school at eight ten. （学校着）
We have lunch at twelve thirty. （昼食）
I play soccer after school. （放課後）
I usually study before dinner. （家庭学習）
I go to bed at about eleven. （就寝）

3 導入の手順と方法

①イラストや動画を見せながら，生徒とのやりとりを通して言語材料（動詞句）を導入する。

get up / walk to school / have lunch / play soccer

T：（イラストを示しながら）I get up at six. What time do you get up?
S1：(I get up at) Seven.
T：（語句を補って）I see, you get up at seven. How about you, S2?
S2：（別の生徒にも同じ質問に答えさせる）I get up at six thirty.
　　※テンポよく他の表現についても同様に行う。

②任意の絵カードを見せてランダム（または座席順）に生徒に質問する。
　（例）What time do you ～? / How do you come to school? / What do you do after school?

8 ○○を持っていますか？

✏ 一般動詞・疑問文／否定文
Do you have a pencil? / Yes, I do. Here you are. / No, I don't.

1 ねらい

●表現内容
・〜を持っていますか？〜が好きですか？〜をしますか？の質問と応答ができる。

●文法／言語材料
・Do you ［ have / like / play ］ 〜? などの質問に Yes, I do. No, I don't. を使って応答することができる。

2 導入のポイント

・小学校では Do you 〜? を使った疑問文と Yes, I do. / No, I don't. の答え方は比較的慣れ親しんできた表現である。中学校では，like は「好き嫌い」を教師の表情を使って，have や play はジェスチャー等を使いながらテンポよく生徒との対話を通して導入を図りたい。

小学校で扱う表現例
Do you like (soccer) ? / Yes, I do. / No, I don't.
Do you have (P.E.) on (Monday) ? / Yes, I do. / No, I don't.
I ［ like / don't like ］ (soccer / blue).

●板書例
〈一般動詞の疑問文と答え方〉
疑問文　**Do you** play soccer?（〜をしますか）
　　　　Yes, I do.（はい）
　　　　No, I don't.（いいえ）
否定文　**I don't** play soccer.（〜をしません）

3　導入の手順と方法

① Do you have 〜? の導入例
T：（メモ帳を持って鉛筆を探すしぐさをしながら）**Do you have a pencil?**
S1：**Yes, I do.**（鉛筆を差し出す）
T：（鉛筆を受け取って）Thank you.（文字を書き損じて）**Do you have an eraser?**
S2：Here you are. ※生徒が自然に使えるように指導しておくとよい。

② I play 〜. と I don't play 〜. の導入例
T：（ピアノを弾くジェスチャーをしながら）I play the piano, but（首を横に振りながらギターを弾く動作で）I don't play the guitar.
　　（クラス全体に投げかけながら，一人指名して）Do you play the guitar?
S3：**No,（I don't play the guitar.）**
T：I see, you don't play the guitar, S3. Do you play the guitar, S4?
※実態に応じて下線部はスポーツやゲームソフト等を話題にしてもよい。

③ Do you like 〜? の導入について
　好みを問う質問に対しては，自分の思いをうまく表現できない生徒も少なくない。次のような選択肢を提示し，自分に近いものを答えさせる手立ても考えられる。
　　(^_^) Yes, I do.　　(-_-) So so.　　(>_<) No, I don't.

⏱ 5〜10min　1年　2年　3年

9　私と彼と彼女

> ✏ 一般動詞・三単現
>
> He likes English. / She doesn't like math.

1　ねらい

●表現内容
- 自分と友だちの好みや行動について英語で説明することができる。

●文法／言語材料
- I, He, She などの主語に応じて，一般動詞を適切な形で運用することができる。

2　導入のポイント

- 生徒への質問の結果を活用して，主語による動詞の違いに気付かせる。
- 簡単な動詞に絞って行う。like / likes［s］, play / plays［z］, teach / teaches［iz］等
- 生徒の実態によっては混乱を招かないように has, studies, wants のように綴りや発音が特殊な動詞は深く扱わずに，まとめの段階で板書やプリント等を用いて丁寧に説明するとよい。

> 〔小学校で扱う表現例〕
>
> He is 〜. / She is〜. / He can 〜. / She can 〜.
> ※「We Can!」では，He, She ＋ 一般動詞の表現は扱われていない。

●板書例

「○○が好きです」の表現を比べてみよう

   I like English.

   You like English.

◆主語が I, You 以外で1人の場合は動詞に S を付ける。

   He |likes| English.

   Kaori |likes| English.

◆否定文は doesn't ＋ 動詞の原形（何も付けない形）

   She |doesn't like| math.

3　導入の手順と方法

①黒板に下の表を書き，数名の生徒に質問をしながら結果を○×で埋めていく。

	先生	Aくん	Bさん
like natto	○	○	×
play the piano	×	○	○
teach English	○	×	×

T：Do you like natto? / Do you play the piano? / Do you teach English?

S：Yes, I do. / No I don't.

②教師は質問の結果を英語で説明し，生徒に主語と like の違いに気付かせる。

T：I like natto. **A-kun likes natto**, too, but **B-san doesn't like natto**.

③表を見ながらクラス全体でインタビューの結果について口頭練習を行う。

⏱ 10〜15min　｜　1年　｜　2年　｜　3年

10　ネットで音声検索

✎ 疑問詞

When 〜？ / What 〜？ / Where 〜？/ How 〜？など

1　ねらい

●表現内容

・Wh や How を使って質問を行い，必要な情報を得ることができる。

●文法／言語材料

・When 〜？ / What 〜？ / Where 〜？ / How 〜？などの疑問詞を使って質問し，英語の応答を理解することができる。

2　導入のポイント

・タブレットやスマートフォンの言語設定を英語に設定し，音声アシスタント（Google アシスタント，Siri など）を使って質問を試みる。

・カタカナ英語では機能しないこともあるので，生徒の発音チェックにも役立つ。

> **小学校で扱う表現例**
>
> What (sport) do you like? / When is your birthday? / What do you want for your birthday? / What time do you get up? / Where do you want to go? / Why? / Where is the treasure? / How much? / It's (970) yen. など

● 板書例
◆知りたい情報を英語でたずねてみよう！
When is Justin Bieber's birthday?　ジャスティン・ビーバーの誕生日は？
What time is it in New York now?　ニューヨークは今何時？
Where is McDonald's?　マクドナルドはどこ？
How's the weather in Honolulu now?　ホノルルの現在の天気は？
How do you say "thank you" in Chinese?　中国語で thank you は何？
How do you spell 〜?　〜の綴りは？

3　導入の手順と方法

①本時のねらいに応じて，疑問詞を用いた質問をクラス全体に投げかけ，やりとりを行う。最初の質問は，多くの生徒が答えやすい質問がよい。

T：（全体に対して）What time is it now?（続けて日付，曜日，天気など）
S：It's 10:30.
T：（生徒個々に）When is your birthday?
S：It's August 8.
T：Then, what time is it in New York now? Can you guess?
S：……？
T：（タブレットやスマホを取り出して）Today I have a special assistant. You can ask her any questions, but she can understand only English. Let's try!
（などと言いながらタブレットに向かって英語で質問を行い，クラス全体で答えの聞き取りを行う）

②ペアやグループで生徒が知りたい情報について英語の質問を考える。あるいは，板書例の下線部を変えてタブレットに話しかけて，用意した質問が通じるか試してみる。

10〜15min　1年　2年　3年

11 理由を教えて！

疑問詞 Why
Why do you like English？/ Because it's interesting.

1　ねらい

●表現内容
- ○○が好きな理由をたずねたり，答えたりすることができる。

●文法／言語材料
- Why do you like 〜？を使って「なぜ〜が好きなのか」をたずねることができる。
- Because it's 〜. 使って理由を述べることができる。

2　導入のポイント

- 導入では Why〜? と Because〜. を使って，好きなものとその理由に特化して学習を進める。一部の生徒は伝えようとするメッセージの内容にこだわり過ぎて，言語活動そのものが滞ってしまう心配も予想される。その支援として，あらかじめ板書やワークシートで質問と応答例のリストを提示し，その中から自分の考えに最も近いものを選択して答えさせるのも1つの方法である。

小学校で扱う表現例
I want to go to (Italy). Why? / I want to [see, go to, visit] the Colosseum. I want to 〜 . / It's [exciting, delicious, beautiful, fun].

●板書例
好きなものについてやりとりをしてみよう。
①好きなものをたずねる→答える
　What [food, season, color, sport, music, subject] do you like?
　→ I like [pizza, spring, white, tennis, jazz, science] .
②それが好きな理由をたずねる→答える
　Why do you like it?
　→ Because it's [delicious, warm, beautiful, exciting, interesting] .
　※理由を表す文の最初は because を使う。

3　導入の手順と方法

①クラス全体に好きな（食べ物，季節，色，スポーツ，音楽，教科等）をたずね，数名に答えさせる。

T：Today I'd like to know your favorite. First, what season do you like?
S1：I like fall.

②好きな理由の言い方を練習する。

T：I like summer because it's hot. We can swim in the sea. S2, you like spring. **Why do you like it?**（下の表を提示して適当なものがあれば選んで答えさせる）

答え方の例
(I like it) because it's [delicious（おいしい），warm（暖かい），beautiful（美しい），exciting（ワクワクする），interesting（興味深い）……]

※資料に生徒が使いたい表現がない場合は，個別に対応し自由に発表させる。

③上の板書またはワークシートを使ってペアで練習する。
　生徒の実態によっては，対話文を見ながら練習してもよい。

10〜15min　　1年　　2年　　3年

12　クラスの合計はいくつ？

✏️ How many 〜?

How many brothers do you have? / I have two.

1　ねらい

●表現内容
・知りたいものの数をたずねたり答えたりすることができる。

●文法／言語材料
・How many 〜s do you have? / I have（数字）. の表現を使ってやりとりをすることができる。

2　導入のポイント

・生徒の持っているペンや消しゴム，兄弟，姉妹，ペットなどの数を予想してクラス全体の合計がそれぞれどれだけになるか予想させた後，目標文を使って英語でインタビュー活動を行う。最終的に分かった合計数と予想した数が最も近いグループや個人が勝ち。タスクとゲームの要素を活用しながら生徒の活動意欲を引き出す。
・数をたずねる活動は生徒の相互理解に結び付くような題材を工夫するとよい。

> 小学校で扱う表現例
> How many (apples) ? / Ten (apples).

● 板書例
◆ 下線部の数のたずね方と答え方
　How many erasers do you have?
　数字を答える場合　I have [two] (erasers).
　持っていない場合　I [don't have any] erasers.
　　　　　　　　　　※ I have [no] erasers.

3　導入の手順と方法

① 生徒一人ひとりに持っている消しゴムの数をたずねる。
T：How many erasers do you have?
S：I have one. / I have three. / I have no erasers……．

② クラスの生徒が持っている消しゴムの合計数がいくつになるか予想させる。
T：OK, now I'd like to know the total number of yours. Can you guess how many?
S：Fifty. / Sixty. / One hundred……．

③ グループ内で板書（ワークシート）の表現を使って互いに質問を行う。
S1：How many erasers you have?
S2：I have three.

④ グループごとに合計数を英語で報告し，教師は合計数を計算する。予想の当たった生徒にはピタリ賞や近似値賞を与える。（副賞は拍手でよい。）生徒の興味に応じて「兄弟姉妹の人数」「ペットの数」など自由に行う。

⏱ 5〜10min　　１年　　２年　　３年

13　○○しましょう

✎ 命令文・Let's 〜.

Let's listen to the song. / Yes, let's. No, let's not.

1　ねらい

●表現内容
・提案したり，その内容を聞き取って適切に応答したりすることができる。

●文法／言語材料
・Let's 〜. を使って友だちを誘ったり，Yes, let's. や No, let's not. などを使ったりして応答することができる。

2　導入のポイント

・教師は生徒に次のような２種類の提案を投げかけ，その内容に対して賛成か反対かを英語で表現させる。
　(1)生徒がやってみたいと思うような活動
　　例）ゲームをする。ビデオを見る。音楽を聴く。など
　(2)生徒がやりたいとは思わないような活動
　　例）漢字練習をする。英語のテストをする。掃除をする。など

小学校で扱う表現例
Let's (listen / play / watch and think).

●板書例

◆提案や誘うときの表現

　　Let's play video games.

　　同意する場合　Yes, let's. / Wonderful. / Sure. など

　　反対の場合　　No, let's not. / Sorry, I can't. など

3　導入の手順と方法

①教師は,「今日の授業は皆さんの意見を聞きながら何か特別なことを行いたいと思います。それぞれの提案に対して賛成か反対か皆さんの考えを聞かせてください。」と説明する。

　英語での説明の例：Today, I'd like to do something special. Listen to my suggestion, "teian" and tell me your idea. If you want to do it, please say, **"Yes, let's."** or if you don't want to do it, please say, **"No, let's not."**

②教師の提案に対して，生徒は"Yes, lets."または"No, let's not."で賛成か反対か自分の考えを言う。

T：The first suggestion is **"Let's play video games."** What do you think?

S：Yes, let's. ／ No, let's not.

T：OK, the second suggestion is **"Let's have an English test."** What do you think?

S：**No, let's not!**

T：I see. Don't worry, you don't have to take a test today.

③板書やワークシートを使ってLet's 〜. の使い方と応答の仕方について確認を行う。

10〜15min　　1年　　2年　　3年

14　これは何？

What is this?

What is this? / It is an American flag.

1　ねらい

●表現内容
・自分が知らないものについてたずねることができる。

●文法／言語材料
・What is this? It's 〜. の表現を使って知らないものについてたずねたり応答したりすることができる。

2　導入のポイント

・クイズ形式で導入を行う場合，次のようなバリエーションが考えられる。

■視覚クイズ1　シルエットや拡大写真を見て答えを当てる。

■視覚クイズ2　画用紙の一部を〇や□に切り抜き，その背面に部分的に見えるイラストや写真を見て答えを当てる。切り抜きの大きさや数を変えて難易度を調整する。

■音声クイズ　動物の鳴き声，コンビニのチャイム，機械の動作音等。

小学校で扱う表現例

What's your best memory? / My best memory is (sports day).

●板書例
◆知らないものについてたずねる表現
　質問　|What is| this?
　答え方　|It is| an American flag.
　クイズで答えが分からない場合　I don't know. (Give me a hint.)
　短縮形　What is → What's　It is → It's

3　導入の手順と方法

●イラストを使ったクイズの導入例

①台紙と出題用のイラストを用意する。台紙はイラストを取り替えれば何度も使える。クラスサイズを考えると，写真よりイラストの方が視認性がよい。

左：Mt. Fuji（富士山）

右：the American flag
　（アメリカ国旗）

②台紙を閉じて，英語で出題する。
T：Please look at this picture. **What's this?**
S：I don't know.
T：（第1ヒント）It is very big and beautiful.
S：The Tokyo Sky tree?
T：I'm sorry.（別の台紙にはさんで見せる）（第2ヒント）It is a famous mountain in Japan.
S：Fujisan?
T：That's right. **It is Mt. Fuji.**

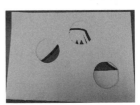

⏱ 10～15min　1年　2年　3年

15　それはどこにあるの？

> ✏ 疑問詞 Where
> Where is my pen? / It's in the box.

1　ねらい

●表現内容
・どこにあるかをたずねることができる。
・どこにあるのか説明することができる。

●文法／言語材料
・Where is ～? の表現を使って，どこにあるのかたずねることができる。
・on, in, under, by などの表現を使って，場所を説明することができる。

2　導入のポイント

・教師が Where is ～? を使って生徒に質問しながら，やりとりを通して場所の答え方（前置詞の使い方など）を説明していく。
・位置関係を表す表現は，写真，地図，イラストなどの視覚資料を使いながら生徒の理解を促すよう工夫する。
・小学校では部屋の中にあるものについて，位置関係の表し方を学習している。

> 小学校で扱う表現例
> Where is the treasure? / It's [on, in, under, by] (the desk).

●板書例
　◆場所のたずね方
　　 Where is my dictionary?
　◆答え方
　　 It is under the books.
　　　　　～の下に

3　導入の手順と方法

①実物を使いながら，小学校で学習した表現を思い起こす。

T：(教卓の上に本を置いて) **Where is my book?**

S：On the desk.

T：(It's を補って生徒の答えを復唱する) Yes, **it's on the desk.**
　　(掲示物等を指さして) **Where is the calendar/poster?**

S：It's on the "kabe."

T：(正しい英語に直して) You can say, **"It's on the wall."**

②その場では見えないものについて。

T：(日本地図を見せて) Where is Tokyo Disneyland?

S：In Tokyo?

T：(千葉県を指して) It is in Chiba Prefecture. It's interesting.

③前置詞のイメージを板書で示す。＊ on the wall / ceiling の on は接触を表す。

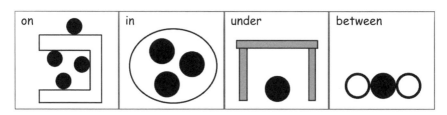

⏱ 5〜10min　　1年　　2年　　3年

16　だれの教科書？

> ✏ 所有格・独立所有格
> Whose book is this? / It is mine.

1　ねらい

●表現内容
・だれのものかをたずねたり，答えたりすることができる。

●文法／言語材料
・Whose 〜 is [this / that?] / It's mine / Chie's. の表現を使ってやりとりができる。

2　導入のポイント

・導入例1　生徒の美術作品や実際の落とし物を見せて，持ち主をたずねる。
・導入例2　芸術作品，映像，音声等を提示し，クイズを出題する方法。

■クイズの出題例
(1) Whose work is this?　アニメや芸術作品を見せて，作者をたずねる。
(2) Whose song is this?　音楽を聞かせて，歌手や作曲家をたずねる。
(3) Whose uniform is this? スポーツ選手のユニフォームを見せてだれのものかたずねる。

●板書例

◆だれのものかたずねる表現

　Whose book is this?

◆答え方　It is mine (= my book).

〜のもの	あなた(たち)	彼	彼女	私たち	彼ら	Chie
	yours	his	hers	ours	theirs	Chie's

3　導入の手順と方法

①校内に掲示してある生徒の美術作品を見せて、作者をたずねる。

T：I found this picture in this school. It's beautiful. **Whose work is this?**

S：**It's Chie's (picture).**

T：Chie, you're a good artist!

②ゴッホの「ひまわり」を見せて作者をたずねる。

T：Look at this picture. Do you know the name of this picture?

S：Himawari?

T：Yes, it is "Sunflower." Then, **whose work is this?**

S：(日本語の発音で)"ゴッホ？"

T：(英語の発音で) Yes, **it is Van Gogh's.**

【参考】カタカナ英語的な発音では認識されにくい人物名の例

> モーツァルト：Wolfgang Amadeus Mozart
> ベートーベン：Ludwig van Beethoven
> マクドナルド：McDonald（店名は McDonald's）
> iPhone, iPad などの音声案内「シリ」：Siri

⏱ 5〜10min　1年

17 彼を知ってる？

✏ 代名詞目的格

I know him. His name is Takeshi. / I know her. Her name is Marina.

1　ねらい

●表現内容
- 自分と相手以外の人について対話をすることができる。

●文法／言語材料
- 代名詞の目的格（him, her）と所有格（his, her）を使って，人物の紹介ができる。

2　導入のポイント

- 生徒に写真を見せて，その人物が男性の場合は Do you know him?，女性の場合は Do you know her? でたずねることで，自然に所有格の使い方を導入する。
- 応答の仕方は，質問で聞き取った him と her を使って，"Yes, I know him（her）." や "No, I don't know him（her）." のように自然に答えられるように，写真の提示順を工夫してテンポよく練習を行うとよい。

　提示例1　男性→男性→男性→女性
　提示例2　女性→女性→女性→男性
　提示例3　男性→女性→男性→女性

●板書例
◆男性についてたずねられた場合
　Do you know this man?
　Yes, I know |him|. |His| name is Takeshi.
　　　　　　　　彼を　　彼の
◆女性についてたずねられた場合
　Do you know this woman?
　Yes, I know |her|. |Her| name is Marina.
　　　　　　　　彼女を　彼女の

3 導入の手順と方法

①目的格の使い方を練習する。

T：（男性の写真を見せて）**Do you know him?**

S：Yes.

T：I see. You can also answer in this way. "Yes, **I know him**," OK?
　（女性の写真を見せて）**Do you know her?**

S：Yes, **I know her.**

②目的格と所有格を組み合わせて練習する。

T：（女性の写真を見せて）**Do you know her?**

S：Yes, **I know her.**

T：What is her name?

S：Her name is Marina.

⏱ 10〜15min　1年　2年　3年

18 ライブで実況中継

✏️ **現在進行形**

Ms. Kosaka is reading a newspaper.

1　ねらい

●表現内容
- 現在していることについて話したり，たずねたりすることができる。

●文法／言語材料
- am, are, is ＋ 〜ing の表現を使って，現在していることについて対話をすることができる。

2　導入のポイント

- 教師の携帯電話に海外から突然の着信。電話を取った教師は，"I'm working now. I'm teaching English now. I'll call you back later."と言って電話を切る。教師が相手に伝えた内容を類推させ，そこから現在進行形の意味に気付かせる。
- Skype, LINE, Facebook Messenger などのビデオ通話で，教室と海外あるいは職員室の T2 とライブ通話を行い，互いに実況説明をし合う方法もある。
- ライブ通話が難しい場合は，ニュース映像を使って英語で実況する方法もある。

●板書例
◆現在形と現在進行形

Mike |listens| to music every day.
　　　聴きます　　　　　毎日
Mike |is listening| to music now.
　　　聴いているところ　　今
◆「be動詞（am, is, are）＋動詞のing形」=「〜しているところ」

3　導入の手順と方法

①外国人から電話がかかり，授業中なので後でかけ直すことを伝えて切る。

T：（着信を受けて）I'm sorry, I'm working now. I'm teaching English now. I'll call you back later. →教師は相手にどんなことを伝えて電話を切ったか生徒に考えさせる。

②教室と海外でライブ通話を行い，映像を見ながらお互いのしていることについて現在進行形を使って伝え合う。（職員室にいるALTとの音声通話でも可）

JTE：（ALTに今いる場所をたずねる）Where are you?
海外：I'm in Hawaii (the teachers' room).
JTE：What are you doing now?
海外：I'm (reading a book / listening to music / studying Japanese) now.

③人物を映さずに通話を行い，音声だけで生徒に状況を考えさせる。

JTE：What are the (other) teachers doing now?
海外：（まわりを映さずに）Bill is reading a book. Mike is sleeping now.

※生徒はそれぞれの人物が今何をしているか考える。答えは映像で発表。

⏱ 10〜15min　　1年　　2年　　3年

19　みんな違ってみんないい

> ✏ 助動詞 can / can't
>
> Tetsuo can sleep anywhere. / I can't sleep here.

1　ねらい

●表現内容
- できることやできないことについてやりとりを行うことができる。

●文法／言語材料
- can, cannot（can't）を使ってできることとできないことについて話したり，たずねたりすることができる。

2　導入のポイント

- 金子みすゞの詩「わたしと小鳥とすずと」の一部を英語で紹介する。
- 小学校では主語の違いや助動詞の有無による動詞の語形変化については明示的に扱われていないため，音声や文字を多面的に扱いながら無理なく理解を促したい。

> ╭─ 小学校で扱う表現例 ─
> She can run fast. / He can jump high.
> Can you sing well? / Yes, I can. / No, I can't.
> [I / You / He / She] [can / can't]（sing well）.

●板書例
◆ can を使った表現
(1)肯定文（〜することができます）
　　I　　　　play the drums.（〜します）
　　I　can　play the drums.（〜することができます）
　　Yoshiki　plays the drums.
　　Yoshiki　can play the drums. ※ can ＋動詞の原形
(2)否定文　I can't play the piano. ※ can't play＝cannot play

3　導入の手順と方法

①金子みすゞの詩「わたしと小鳥とすずと」の一部を英語で紹介し，タイトルを考えさせる。

T：Now, I'll read a poem. Listen to the poem and guess the title of it.

> A bird can fly in the sky,
> 　　but　I can't do it.
> A bird can't run fast on the ground,
> 　　but I can do it.
> A bell can ring beautifully,
> 　　but I can't do it…

S：It's "watashito kotorito suzuto"
T：That's right. It is Kaneko Misuzu's poem, "A bird, a bell and I".

②生徒に「私」「鳥」「すず」のできることとできないことを聞き取らせ，その内容を教師と一緒に英語で口頭練習を行う。

　（板書例）「鳥」空を飛べる　「私」空を飛べない
　（英語）　A bird can fly in the sky.　I can't fly in the sky.

20 昨日○○した人は何人？

> ✏ 一般動詞（過去形）
> I watched TV yesterday. / I went to school yesterday.

1 ねらい

●表現内容
・過去の出来事について話すことができる。

●文法／言語材料
・規則動詞と不規則動詞を使って，過去に自分がしたことについて表現することができる。

2 導入のポイント

・導入では，小学校で扱った I went ～. I enjoyed ～. I saw ～. I ate ～. 等の例文を用いて，少しずつ過去形の使い方を思い出させたい。
・表現活動の際には，辞書や教科書巻末の資料を有効に活用しながら生徒の主体的な表現活動を支援する。
・習熟を図る段階では，「昨日○○した生徒がクラスに何人いるか」を予想させた後，英語を使ったインタビュー活動で結果を調査させる手法も考えられる。

┌─ 小学校で扱う表現例 ─
│ I went to (my grandparents' house). / I enjoyed (fishing). / I saw (the blue sea). / I ate (ice cream).

●板書例
◆一般動詞の過去形

I	watch	TV	every day.	毎日（現在形）
I	watched	TV	yesterday.	昨日（過去形）
I	didn't watch	TV	yesterday.	※過去形の否定文

◆一般動詞の過去形
(1) 規則動詞　　動詞の原形に ed をつける。
(2) 不規則動詞　不規則に変化をする。
　　go（行く）→ went（行った）　see（見る）→ saw（見た）など

3　導入の手順と方法

①昨日（前の日曜日に）生徒が出かけた場所をたずねる。

T：I like reading books, so I went to the library yesterday（last Sunday）.
　（と言って"I went to"と書かれたカードを掲示する）Where did you go last Sunday?
S1：（カードを見ながら）I went to "konbini".
T：I see, you went to a convenience store. How about you, S2?

②生徒の実態に応じて，小学校で扱った他の3つの表現を使って質問し，数名ずつ生徒に自分のことを答えさせる。

例）"I enjoyed 〜."と書かれたカードを見せて"What did you enjoy last night?"とたずねる。同様に"I saw 〜.""I ate 〜."などのカードを使って補助的に文字を使いながら，生徒の自己表現を促す。

③十分に口頭で練習を行った後，板書やワークシートで学習のまとめを行う。

⏱ 10〜15min　｜　1年　｜　**2年**　｜　3年

21　○○はどうだった？

> ✏️ **be 動詞（過去形）**
> It was［They were］good / bad / beautiful / easy / difficult.

1　ねらい

●表現内容
・見たものや聞いたものについて，自分の感想を述べることができる。

●文法／言語材料
・be 動詞の過去形（was, were）を使って過去の状態について述べることができる。

2　導入のポイント

・教師は過去の体験について Small Talk を行い，It is 〜. と It was 〜. の違いについて考えさせる。
・導入の後は，生徒の自己表現活動を行ってもよい。音楽を聞かせたり映像を見せたりした後，作品の感想を It was 〜. を使って表現させることができる。その際多様な感想を引き出せるように語彙のリストを提示して，その中から適切なものを選んで表現させることでテンポよく活動を行うことができる。

語彙リスト：good, bad, cool, beautiful, easy, difficult, exciting, boring 等

> 📝 **小学校で扱う表現例**
> It was［fun／exciting／beautiful／delicious］.

●板書例

◆ be 動詞の過去形

This shirt |is| 1000 yen now. I |am| sad now. （～です）
This shirt |was| 2000 yen last week. I |was| happy last week.
疑問文　Were you happy yesterday?
答え　Yes, I |was|. / No, I |wasn't|.　　※ wasn't=was not

3　導入の手順と方法

①教師の話を聞いて，生徒に過去と現在の様子の違いについて考えさせる。

T：Listen to my speech and answer the questions.

I went to a store near my house last week. I bought this shirt there. I was happy then. But listen, **this shirt was 2000 yen**. This morning, my wife told me, "It is 1000 yen now." So, I'm very sad today.

②教師の気持ちとシャツの値段の変化をたずねながら，現在形と過去形の使い方に気付かせる。

T：**I was happy last week.** Why?　→　S：Because you bought a shirt.
T：Am I happy today?　→　S：No, you're very sad today.
T：Right, it's because **this shirt was 2000 yen last week**, but it is 1000 yen now.

③生徒に音楽や映像を視聴させた後，It was ～. で作品の感想を発表させる。

| 10〜15min | 1年 | 2年 | 3年 |

22 そのとき彼らは何していた？

過去進行形

What were you doing? / I was taking a bath. / They were washing dishes.

1 ねらい

●表現内容
・過去のある時点の動作について述べることができる。

●文法／言語材料
・(was, were) + 〜ing の英文を使って過去のある時点での動作について述べることができる。

2 導入のポイント

・教師の家庭で起きた「消えたケーキ事件」について，家族のアリバイを過去進行形の文を聞き取りながら考えていく。
・聞き取らせる英文は，主語の人称や数，動作の内容に変化を持たせながら生徒が日常生活の様子を自己表現活動するときに使えるものを扱うとよい。

●板書例
◆過去のある時点での動作を述べる表現
　What were you doing then?
　I was taking a bath . (入浴していた)
　過去のある時点　　　　　　現在
　―――――――――――――――――――
　　▲ I was taking a bath.　▲

3　導入の手順と方法

①「消えたケーキ事件」について説明し，概略をつかむ。

> There was a mysterious event in my house last night. I put a cake on the table in the living room at 7:55 pm. After that, I took a bath and came back to the living room at 8:05. I found no cake on the table.

T：Then I asked my family, "What were you doing at 8:00?" and I knew that **my brother was doing his homework in his room, my sister was washing the dishes in the kitchen, and my parents were talking in the kitchen.**

②生徒に家族のいた場所としていたことをたずねながら，板書にまとめる。
例）T：Where was my sister at 8:00? / What was she doing?
　　S：She was in the kitchen. / **She was washing the dishes.**

③物語に適当な結末を付け加えて終わる。
　Finally, I asked the same question to my dog. He answered nothing, but he had sweet cream butter on the top of his nose. など

⏱ 10〜15min　　1年　　**2年**　　3年

23　私に見せて，私に教えて

> ✏️ Show me ＋ 名詞
> Show me your passport, please.

1　ねらい

● 表現内容
- 「人に何かを〜する」と述べることができる。

● 文法／言語材料
- 「show, give, buy, tell, teach など＋（人）＋（もの）」の文型を使って，「人に何かを〜する」と述べることができる。

2　導入のポイント

- 「入国審査」や「税関」でのやりとりの中で，パスポートや旅行カバンを使って動作を行いながら，Show me〜. の表現を導入する。
- Give me 〜. と Tell me 〜. については生徒同士がペアでやりとりや実物や情報のやりとりをしながら目標文の英語に慣れさせたい。
- 口頭練習では生徒を混乱させないように，「(show, give, buy, tell, teach など)＋（人）＋（もの）」の語順を使って練習を行い，「(show, give, buy, tell, teach など)＋（もの）＋ to（人）」の語順については一度に教えるのではなく生徒の習熟度を観察しながら無理のない扱いを心がけたい。

● 板書例

◆「私に（　　　）を見せてください」の表現
　Show　me　your passport,　please.
※語順は　見せる　→　（人）に　→　（もの）を　の順
※「（人）に」のところは目的格（me, you, him, her, us, them）を使う。
※ give（与える）, buy（買う）, tell（情報を教える）, teach（勉強を教える）なども同じ語順で使うことができる。

3　導入の手順と方法

① イラストとパスポートを使って入国審査でのやりとりを説明する。

T：When you enter foreign countries, what do you do? You know, you have to show your passport to the officer. The officer always asks you, **"Show me your passport, please."**

② イラストとバッグを使って税関でのやりとりを説明する。

T：When you come back to Japan, the officer asks you something. Can you guess what?（教師が税関の係で生徒が旅行客の設定で）**Show me your bag, please.**（Could you open it?）
S：英語を聞き取って教師にバッグを見せる。（開ける）

③ 必要に応じて，生徒は教師に Tell me ～. Give me ～. を使って指示を出し，動作ややりとりを通して文型になれさせる。
例）Tell me your birthday. / Give me the handout. など

⏱ 10〜15min　　1年　　**2年**　　3年

24　それを何て呼んでいる？

✎ call ＋ A ＋ B
We call it "sumaho."

1　ねらい

●表現内容
・自分の名前や日本の文化紹介について表現方法の幅を広げることができる。
　(1)身のまわりにあるものについてその名前を説明することができる。
　(2)自分や友だちの呼称について英語で紹介することができる。

●文法／言語材料
・「call ＋ 目的語 ＋ 呼称」の語順に注意して表現することができる。

2　導入のポイント

・有名人や教師のニックネーム，身近なもので正式な名前と一般的な呼び名が異なっているものなどを取り上げて英語で説明を行う。
・実物や写真，動画等を見せながら，教師の Small Talk や生徒とのやりとりを通して，英語の説明と表現している内容が自然に結び付くように生徒の理解を促す。
・自己紹介，人物紹介，日本の文化紹介等を行う際に生徒が実際に使えるような例文の提示を意識したい。

●板書例

〈call + A + B〉A を B と呼ぶ

We　call　　it　　　"sumaho."（私たちはそれをスマホと呼びます。）
　　～と呼ぶ　それを　スマホと

Please call me Hiro.（私をヒロと呼んでください。）

3　導入の手順と方法

①実物を見せながら教師の Small Talk と生徒との生きたインタラクションを通して新出言語材料を導入する。

T：（スマートフォンを見せながら）This is a smartphone, but Japanese people usually use another word. What's the word?

S：It's "sumaho."

T：Yes, **we call it "sumaho."**（同様に別の物や写真を見せて，テンポよく目標文を引き出す。）

②身近な人物についてのクイズ形式インタラクションで導入した文の意味・用法の確認

T：He is tall and good at basketball……. He teaches math. Who is he?

S：He is（教師名）sensei.

T：Yes! **What do you call him?**

S：（教師のニックネーム）!

T：I see, **you call him**（ニックネーム）!

③生徒は教師が提示した写真などを見て，〈We call A + B〉の表現練習を行う。その後，クラス全体で英文とその意味を共有する。

⏱ 10〜15min　　1年　　**2年**　　3年

25　何に見える？

✏ look ＋形容詞

You look happy.

1　ねらい

●表現内容
・人やものの外見について述べることができる。

●文法／言語材料
・「look ＋ 形容詞」の表現を使って人やものの外見について述べることができる。

2　導入のポイント

・生徒にだまし絵を見せて，何に見えるかたずねる。どの生徒にも思っていることがすぐに表現できるように，最初のうちは選択肢の中から選んで答えさせてもよい。
・表現の仕方に慣れてきたら，最後に教師は自分の描いた下手なイラストを見せて生徒に何に見えるかを自由に発表させる。生徒から多様な答えを引き出したところで，教師は"You all look happy, but I'm sad."などと気持ちを伝えて導入を終える。
・「look ＋形容詞＝○○に見える」と「look at〜＝〜を見る」の違いを押さえておく。

●板書例

◆○○に見える

　You |look| happy．（look ＋ 形容詞）

　It |looks like| a duck．（look like ＋ 名詞）

　※注意しよう　look at ~：~を見る

3　導入の手順と方法

①だまし絵を見て，It looks like（名詞）．の表現を練習する。

T：Look at the picture 1．Some people say，"It looks like a rabbit," and some people say，"It looks like a duck." What does it look like to you?

S：**It looks like a rabbit． / It looks like a duck．**

T：（picture 2 も同様に）Look at the picture 2．What does it look like?
　……

②教師の描いたイラストを見せて，生徒の反応から You look ~．を導入する。

T：I drew the picture 3．What does it look like?

S：**It looks like a ……**

T：（生徒の反応に応じて）You look（happy, excited, bored）．の表現を導入し，板書でまとめを行う。

⏱ 10〜15min　　1年　　**2年**　　3年

26　あなたの予定は？

> ✏ 未来形（計画・予定）
>
> I am going to visit the temple. / Are you going to visit the temple? / Yes, I am. / No, I am not.

1　ねらい

●表現内容
- 自分の予定について述べることができる。

●文法／言語材料
- 「be going to ＋ 動詞の原形」の文型を使って，予定や計画している未来のことを表現することができる。

2　導入のポイント

- 教師は学校行事や休みについてその概略と教師自身の予定を説明し，次に生徒の予定や計画をたずねる。

■修学旅行

①教師の説明	来月の修学旅行では，京都と奈良へ行きます。
②質問例	Are you going to Kiyomizu-dera Temple? What are you going to do in Nara? など

■連休

①教師の説明	今週の土曜から来週の月曜まで３連休です。
②質問例	Are you going to enjoy the club activity? Where are you going to go on the second day?

●板書例
◆ be going to ＋動詞の原形＝予定や計画を表す未来形
　(1)自分の予定を話す「～するつもりです」
　　I am going to visit Kinkaku-ji Temple in May.
　(2)相手の予定をたずねる「～するつもりですか」
　　Are you going to have lunch in the Nara Park?
　　Yes, I am. / No, I am not.
　※何をする予定かたずねる場合は，What are you going to do?

3　導入の手順と方法

①修学旅行の概略と教師自身の予定について説明し，be going to の導入を図る。

T：We are going to go on a school trip to Kyoto and Nara in May. In Kyoto, I am going to visit Kinkaku-ji Temple. I want to take some pictures there.

② Are you going to～? を使って生徒に質問する。

T：Are you going to have lunch in the Nara Park?
S1：Yes（, I am）.
T：I see. You are going to have lunch in the Nara Park.

③②の表現に慣れたら「どこへ行くつもりか」「何をするつもりか」をたずねる。

T：Where are you going to go in Nara?
S2：We are going to go to Todai-ji Temple.
T：What are you going to do there?
S2：I am going to see the Great Buddha.
　　（以下，板書やワークシートで要点をまとめる。）

27 とっさに答えてみよう

> ✏️ 未来形（意志・単純）
> I will show you some pictures tomorrow.

1 ねらい

●表現内容
・自分の意志を述べたりこれからのことを予測したりできる。
●文法／言語材料
・「will ＋動詞の原形」を使って，意志や未来のことを述べることができる。

2 導入のポイント

・ここでは，(1)の意志未来に絞って「聞くこと」「話すこと」を中心に導入を行う。(2)の単純未来については，板書の説明やワークシートでの練習等を通して，生徒の様子を確認しながら理解と習熟を図りたい。

■未来形「will ＋動詞の原形」
(1)意志未来：「私は～するつもりだ」自分がその場で思いついて決めたこと。
例）I'll show you. / I'll give you. / I'll take you there. など
(2)単純未来：「（主語）は～するだろう」主語が２人称・３人称の場合の肯定文。
例）It'll be sunny tomorrow. / He will be fourteen next week. など

●板書例

意志意思や未来のことを表す表現「will＋動詞の原形」
　I will show you some pictures tomorrow.（私が～しましょう）
◆比べてみよう
　過去形　It was sunny yesterday.（～でした）
　現在形　It is sunny today.（～です）
　未来形　It will be sunny tomorrow.（～になるでしょう）

3　導入の手順と方法

① I'll show you ～. の表現を使いながら，ある人物の写真を見せる。

T：I have (a sister. She's very cute.) Do you want to see (her) ?
S：Yes !
T：OK, **I'll show you some pictures.**（太字の英文を板書し，意味を考えさせる。）

② I'll give you ～.（生徒に仕事を依頼し，それに必要な道具を与える。）

T：Could you put this poster on the wall?
S：(画鋲がないので貼ることができない)
T：(画鋲を差し出して) OK, **I'll give you some pins.** Please use these.
　　（太字の英文を板書し，意味を考えさせる。）

③ 設定場面に合う，「I'll ～.（私が～しましょう）」を考える。

　質問例：Could you tell me the way to the station?
　応答例：OK, **I'll show you** (the way). / **I'll take you** (there).

| 10〜15min | 1年 | 2年 | 3年 |

28 したいこと／したくないこと

> ✏️ **不定詞（名詞的用法）**
> I want to go to New York. / I want to be a dancer.

1　ねらい

●表現内容
・夢や希望等について述べることができる。

●文法／言語材料
・"want to 〜"「〜したい」や"want to be 〜"「〜になりたい」を使って，夢や希望を述べることができる。

2　導入のポイント

・小学校のチャンツ等を通してWhat do you want to be? / I want to be a（職業）．やWhere do you want to go? / I want to go to（場所）．などの定型表現にはある程度習熟した生徒も見られる。中学校では，「なりたいもの」や「行きたい場所」に加えて「したいこと」も表現できる場面設定を工夫したい。

> 📢 **小学校で扱う表現例**
> What do you want to be? / I want to be a（職業）．
> Where do you want to go? / I want to go to（場所）．
> Do you want to go to New Zealand? / I want to meet my friend, Kate.

● 板書例

◆ I want to ~. を使った表現
　I |want to be| a dancer.（なりたいもの）
　I |want to go| to New York.（行きたい場所）
　I |want to| have curry for dinner.（したいこと）
　＊ I want to |動詞の原形|＝「〜したい」
　＊ I don't want to |動詞の原形|＝「〜したくない」

3　導入の手順と方法

①夢について Small Talk を行う。

T：Do you have a dream? What do you want to be in the future?

S：I want to be a dancer. / I want to be a soccer player. / I want to be rich.

T：（地図を見せて）Do you like traveling? If you have time and money, where do you want to go?

S：I want to go to Tokyo Disneyland. / I want to go to New York.

②休日にしたいこととしたくないことについて考えて発表する。

T：Then I have two questions. Tell me what you want to do and what you don't want to do on holidays.（答えが思い浮かばないようならば，教科書巻末の絵カードを参考にして発表させるとよい。）

例）I want to go shopping, but I don't want to do my homework on holidays.

③①②の生徒の発言を拾って，ポイントを板書にまとめる。

10～15min　1年　2年　3年

29 何のためにそうしたの？

> ✎ 不定詞（副詞的用法）
> I went to the library to read books.

1　ねらい

●表現内容
・何かをする目的を述べることができる。

●文法／言語材料
・「to＋動詞の原形」の表現を使って，何かをする目的を述べることができる。

2　導入のポイント

・新文型の導入では，最初は「図書館へ行った→本を読むために」や「レストランへ行った→夕食を食べるために」のように場所と目的の関係が比較的明確な例文を聞かせて理解を促し，次に「駅へ行った→友だちと会うために」や「お風呂へ行く→歌を歌うために」などのような例文を聞かせて，行った場所とその目的を考えさせる方法がある。

・「～へ行って～した（結果）」ではなく「～するために～へ行った（目的）」の意味に気付かせたい場合は，"I went to Shibuya to watch a movie, but I couldn't. The ticket was sold out. So, I enjoyed shopping there." （～しに行ったけど，できなかった。だから～した。）のような例文を与え，「場所」「目的」「実際にしたこと」を聞き取らせて，意味を整理する方法も考えられる。

●板書例
◆何かをする目的の表し方
　I went to the library |to read books|．（本を読むために）
　I come to school |to talk with my friends|．（友だちと話すために）
　※「to＋動詞の原形」＝「〜するために」

3　導入の手順と方法

①場所と目的の関係が分かりやすい例を使って基本文を導入する。
T：I went to the library yesterday. Can you guess the purpose / reason?
S：You read books.
T：Yes, **I went to the library to read books.**
※その他　"I went to the restaurant to have dinner." なども扱いやすい。

②英文を聞かせてその場所へ行った理由を聞き取らせる。
例1）T：I went to the station last Sunday. Can you guess why?（数名の生徒に考えを発表させてから）**I went to the station to meet my friend.**
例2）T：I often go to the cafe. Can you guess why?（数名の生徒に考えを発表させてから）**I often go to the cafe to talk with my friends.**

③文構造と内容の聞き取りに慣れてきたら，教師は生徒に英文の前半だけを与え，各自に「to＋動詞の原形」の部分を創作させる表現練習も効果的である。
例1）I come to school (to study 〜 / to play 〜 / to talk with 〜)．
例2）I often go to (　場所　) to (　　目的　　)．など

30 すべきこと／すべきもの

> ✏️ 不定詞（形容詞的用法）
> I have something to tell you.

1 ねらい

●**表現内容**

・情報を付け足して説明することができる。

●**文法／言語材料**

・something to do, a lot of homework to do, many things to buy などのように to 不定詞を使って情報を付け足す表現を使うことができる。

2 導入のポイント

・導入の前半では，教師の Small Talk や生徒とのやりとりを通して，"Do you have something to eat?" や "Do you have something to drink?" などの英文をいくつか聞かせながら "something to ～" の使い方やその意味に気付かせる。

・導入の後半では，教師は生徒に "something to ～" を使った実際の質問や情報を与え，その反応からメッセージの内容を理解できているか確認を行う。

●板書例

◆ something to ~ を使った表現

Do you have |something to drink|? （何か飲むもの）
Do you have |something to eat|? （何か食べるもの）

◆その他の表現

I'll give you |a lot of homework to do|.
She has |some books to read| today.

3　導入の手順と方法

①生徒とのやりとりを行いながら something to ~ の意味に気付かせる。

T：One hot day, my son asked me, **"Do you have something to drink?"** Can you guess why? Because he was very thirsty.

T：He often asks me, **"Do you have something to eat?"** Can you guess why? Because he is always …

S：Hungry?

T：Yes, you're right.

②生徒にメッセージを与え，その反応から理解の程度を確認し，板書で整理する。

例1）（書くものを探しながら）Do you have **something to write with?**

例2）I have **something to tell** you. I'll give you **a lot of homework to do today.**

⏱ 10〜15min　　1年　　**2年**　　3年

31 日本のルールと外国のルール

> ✏️ must / have to
> You must take off your shoes.（命令）You mustn't take pictures here.（禁止）
> You have to go now.（客観的な必要性）You don't have to come.（不必要）．

1　ねらい

●表現内容
- 「命令」「禁止」「必要」「不必要」について述べることができる。

●文法／言語材料
- must（命令），mustn't（禁止），have to（必要），don't have to（不必要）の意味を理解し，適切に使うことができる。

2　導入のポイント

- "must" と，"mustn't" は，道路標識や看板などの視覚資料を使いながら，規則や禁止事項などについて考えさせる方法がある。文化や習慣の違いを比較させるのも面白い。
- 否定文では "don't have to"「〜する必要がない」，"mustn't"「〜してはいけない」と意味が異なることも押さえておきたい。
- その他，must は現在形だけ。have to の過去形は had to など。

●板書例

You |must| take off your shoes.（〜しなければならない。命令）
You |mustn't| take pictures here.（〜してはいけない。禁止）
You |have to| go now.（〜しなければならない。客観的な判断）
You |don't have to| come.（〜しなくてもよい。不必要）

3 導入の手順と方法

① must と mustn't：看板の内容を英語で説明し，考えさせる。

T：Look at picture A. You **must** take off your shoes here.
　　Look at picture B. You **mustn't** take pictures here.
S：Aは土足禁止 →T：Yes, you must take off your shoes.
　　Bは撮影禁止 →T：You're right.（と言って板書で整理する）

② have to と don't have to：言われてうれしいのはどちらかをたずね，その理由を考えさせることで意味の違いに気付かせる。
T：＃1　You **have to** do your homework today.（うれしくない）
　　＃2　You **don't have to** do your homework today.（うれしい）
　　①②を同時に扱う場合は，生徒が混乱しないように mustn't と don't have to の意味の違いを板書で整理するとよい。

⏱ 10〜15min　｜1年｜**2年**｜3年｜

32　嬉しいとき／悲しいとき

✏️ 接続詞 when
I feel happy when I eat ice cream.

1　ねらい

●表現内容
・「〜なとき」の様子や動作について述べることができる。

●文法／言語材料
・時を表す副詞節 when 〜 を使って表現することができる。
　※関連項目：if（条件節），because（理由を表す副詞節）

2　導入のポイント

・生徒に "When do you feel happy（sad）?" と質問したあと，教師は生徒がアレンジして使えそうなモデル文をできるだけたくさん示しておく（聞かせておく）とよい。

・副詞節を含む文は今まで学習してきた英文よりも長く，文構造が複雑になってくるため，生徒の実態によっては板書で目標文を提示し文構造を理解させてから口頭練習を行う。

・基本の文型に慣れるまでは I feel happy when I _____ . のように副詞節の主語を I に決めて練習を行うとよい。

●板書例

◆ when~ 「～のときに」

I feel happy when I eat ice cream .

When I eat ice cream , I feel happy.

※ when~ 「～のときに」は文の前半と後半に言う2通り方法がある。

3 導入の手順と方法

①教師が「幸せなとき」と「悲しいとき」について英語で本時の目標文について質問と説明を行う。生徒の実態に応じて happy に絞って行うのもよい。

例）Everybody, are you happy now? When do you feel happy (sad) ?

　　I feel happy **when I eat ice cream.**

　　I feel happy **when I finish my homework.**

　　(I feel happy **when you are happy.**) ※従文の主語がI以外の場合

　　I feel sad **when you say good bye.**

　　I feel sad **when I see garbage on the beach.**

②板書で目標文を示し，文構造を理解させてから自分の考えを準備させる。

| I feel happy when_____. （～のとき私は幸せを感じる） |

生徒の実態に応じて同時に下の例文を扱う方法も考えられる。

| I feel sad when_____. （～のとき私は悲しく思う） |

③生徒に自分の考えを発表させる。※ペア→グループ→全体発表の順

10〜15min　1年　**2年**　3年

33 私の考え

✏️ **I think that 節**

I think (that) English is interesting.

1　ねらい

●表現内容
- 自分の考えや知っていることを述べることができる。

●文法／言語材料
- 「I think that 節」「I know that 節」を使って自分の考えや知っていることを述べることができる。

2　導入のポイント

- 身近な話題について生徒に質問を行い，自分の考えを発表させる。導入ではどの生徒も気軽に答えられるシンプルな質問がよい。
  例題）What <u>subject</u> is interesting? / What <u>song</u> is popular in Japan now?
- クイズを出題し，自分の考えを述べる生徒には "I think that 〜." を使って，答えを知っている生徒には "I know that 〜." を使って発表させる方法もある。
- 生徒の実態に応じて，自分の考えに加えて because を使ってその理由を述べさせてもよい。

●板書例
◆I think (that) ~. : ~の部分は英文（私は~だと思う）
　肯定文 I think (that) English is interesting.
　否定文 I don't think (that) ~. （~だと思いません）
　疑問文 Do you think that ~? （~だと思いますか）
◆その他の表現 I know that ~. （~だということを知っています）

3　導入の手順と方法

①教師が自分の考えの述べ方を示し，生徒に各自の考えをたずねる質問を行う。

T：**I think English is interesting,** so I study it every day? What subject is interesting, S1?

S1：Math is interesting.

T：（表現を補って）I see, you think math is interesting. How about you, S2?

S2：**I think science is interesting.**

②生徒への質問と答えから，You know ~. の使い方を紹介する。

T：（有名な絵画を見せて）Who drew this picture?

S3：It's easy. Leonardo da Vinci did.

T：That's right. **You know Leonardo da Vinci drew the picture.**

③教師の質問に対して，生徒に"I think that ~."または"I know that ~."を使って答えさせる。

　例）（音楽を聴かせて）Whose song is this? など

34 そこにあるのは何？

✏️ There is / There are

There is a turtle on the beach. / There are some boys around the turtle.

1 ねらい

●表現内容

・何があるかを伝えたりたずねたりすることができる。

●文法／言語材料

・There is a 〜. や There are 〜. を使って何があるかを述べることができる。(Is there 〜? や Are there 〜? を使って〜があるかたずねることができる。)

2 導入のポイント

・教師は有名な物語に登場する人物やそこにあるものについて英語で説明を行い，生徒にはその状況を考えて物語のタイトルを当てさせるクイズ形式で導入を行う。

例1）海岸にカメ，そのまわりに子どもたち→（答え）浦島太郎

例2）森の中に1つの小屋，7人のこびと→（答え）白雪姫

●板書例

◆ There is a ~. / There are ~s.
　There is a turtle on the beach.（下線部が単数）
　There are some boys around it.（下線部が複数）
　疑問文　Is there a zoo in this town?（〜がありますか）
　答え　Yes, there is. / No, there isn't.

3　導入の手順と方法

①そこにあるものやまわりの状況を説明して，物語のタイトル当てクイズをする。

T：Now you're a man or a woman in a famous story. I'll tell you the situation and guess who you are.

Q1) **There is a beautiful beach in front of you. There is a turtle on the beach. There are some bad boys around the turtle.** What's the name of this story?

S：Urashimataro.

Q2) **There is a small house in a forest. There are seven *dwarves in the house.** An old woman will visit you with an apple. Can you guess who you are?　　　　　　*dwarves：dwarf（こびと）の複数形

S：Shirayukihime?
T：Yes, you're Snow White. The name of this story is Snow White.

②問題文の表現を使って，板書で There is a 〜. や There are 〜. の説明をする。

35 こんなときはどう過ごす？

⏱ 10〜15min　1年　**2年**　3年

> ✏️ **動名詞**
>
> Reading a book is fun. / I enjoy listening to music.

1　ねらい

●表現内容
・自分の趣味や好きなことについて述べることができる。

●文法／言語材料
・「動名詞」を使って，自分の趣味や好きなことについて述べることができる。

2　導入のポイント

・中学校で学習する動名詞の用法は以下の３通り。
(1) I enjoy listening to music.（動名詞が目的語）
(2) Reading a book is fun.（動名詞が主語）
(3) My hobby is collecting stamps.（動名詞が補語）
・導入段階では，生徒の実態や授業のねらいに応じて上記から１つの用法に絞って指導することで生徒を混乱させずに，理解と定着を促すことができる。

> 小学校で扱う表現例
>
> We can enjoy [fishing / shopping / swimming].　※目的語が１語(名詞)

●板書例
◆動名詞(~ing)の使い方
　(1) I enjoy listening to music .（動名詞が目的語）
　(2) Reading a book is fun.（動名詞が主語）
　(3) My hobby is collecting stamps .（動名詞が補語）

3　導入の手順と方法

①生徒の楽しみなことや趣味について発表させる。
・目標文が上記(1)の場合

T：**I enjoy listening to music on a rainy day**. What do you enjoy on a rainy day?

S：I enjoy reading a book on a rainy day. / I enjoy playing video games. など

・目標文が上記(2)の場合

T：**Listening to music is fun on a rainy day**. What is fun on a rainy day?

S：Reading a book is fun. / Playing videogames is fun.

・目標文が上記(3)の場合

T：**My hobby is collecting stamps.** What's yours?

S：My hobby is（動名詞を使って答える）.

②①の on a rainy day（雨の日）の部分を他の条件に変えてペアやグループで練習を行い，全体の場で発表する。

例）時間や季節：after dinner, on holidays, in summer, in winter など
　　場所　　　：at home, in your room, at school, in the gym など

③口頭練習で生徒が発表した英文を取り上げて板書にまとめる。

10〜15min　1年　**2年**　3年

36 どっちが○○?

> ✏ 比較級
>
> Tokyo Skytree is taller than Tokyo Tower.

1　ねらい

●表現内容
- 2つのものについて，比べて説明することができる。

●文法／言語材料
- 〜er を使って，2つのものを比べて説明することができる。

2　導入のポイント

- 2つのものの高さ，長さ，重さ，面積，速さなどに関するクイズを出題し，その解答を表現しながら形容詞や副詞の比較級に慣れさせる。
- 導入段階では「東京スカイツリーと東京タワーの高さ」のように，多くの生徒にとって既知の事実を扱うことで生徒の学習負荷を軽減したり，「教師たちの身長」や「東京都と沖縄県の大きさ」などのように，答えがわかりにくいものについて一人ひとりの考えをたずねたりしながら生徒の発話を促す工夫を図りたい。
- 比べる題材は生徒の実態に応じて表現しやすいものや興味を示しやすいものを精選する。他教科の資料集や『くらべる図鑑シリーズ』(小学館) も参考になる。

●板書例
◆比較級 「○○のほうが〜です」
Tokyo Skytree is taller than Tokyo Tower.
　　　　　　　より高い　東京タワーよりも
※比較級:「〜er than ...」=「...よりも〜です」
※ fast - faster, big - bigger, early - earlier

3　導入の手順と方法

①東京タワーと東京スカイツリーの高さを比べる英文などを聞かせて，比較の表現に気付かせる。

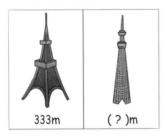

T：（タワーの写真を見せながら）Tokyo Tower is 333 meters tall. Do you know how tall Tokyo Skytree is?（生徒のつぶやきを受けて）Yes, it is 634 meters tall. **Tokyo Skytree is taller than Tokyo Tower.**

②クイズに答えさせることで，表現に慣れさせる。（例：クラス担任と体育の先生では背の高いのはどっち？）

T：**Who is taller, Mr. Osawa or Mr. Iijima?** Can you guess who?
S：I think **Mr. Osawa is taller than Mr. Iijima.**（生徒の身近な人物について考えさせることで発表意欲を引き出す）

③ Which is (larger, longer, higher, heavier), A or B? 形式のクイズを出題し，生徒に各自の答えを表現させながら比較の表現に慣れさせる。

例題：**Which is larger, Tokyo or Okinawa?**（面積比べ）
答え：**Okinawa is larger than Tokyo.**（沖縄県2,275k㎡：東京都2,187k㎡）

10〜15min　1年　2年　3年

37 最も○○なのは？

> ✏️ **最上級**
> This train is the fastest of the three.

1　ねらい

●表現内容
・3人以上，3つ以上のものを比べて説明することができる。

●文法／言語材料
・the 〜est を使って，3人以上，3つ以上のものを比べて説明することができる。

2　導入のポイント

・A＜B，B＜Cのように2つずつそれぞれ比較級（〜er）を使って説明し，その結果から最上級（the〜est）を使った表現へと導入する。
・文型に慣れるまでは，形容詞（副詞）は同じものに固定して口頭練習を行う。文型に慣れてきたら形容詞（副詞）を変えながら練習を繰り返し，small step で表現の幅を広げていきたい。右ページでは例として副詞の fast を扱った。
テーマ例）Which <u>shinkansen</u> is the fastest, <u>Tohoku-shinkansen</u>, <u>Tokaido-shinkansen</u> or <u>Hokuriku-shinkansen</u>?
（下線部を変えながら3択形式で出題すると生徒の発話を促しやすい。）

●板書例

◆最上級「最も〜です」

Tohoku Shinkansen is the fastest of the three.
　　　　　　　　　　最も速い　　3つのうちで

※最上級「the 〜est」＝最も〜　　fast - faster - the fastest
※ of the three：3つのうちで

3　導入の手順と方法

①既習の比較級を使って2つずつ速さを比べ，最上級の文を導入する。

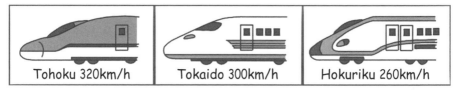

T：Can you guess **which shinkansen is the fastest, Tohoku-shinkansen, Tokaido-shinkansen or Hokuriku-shinkansen?**（絵を見せて）First of all, which is faster, Tohoku-shinkansen or Tokaido-shinkansen ?
　※（必要に応じて）Tohoku-shinkansen is/runs 320 km/h（kilometers per hour）．

S：Tohoku-shinkansen is faster than Tokaido-shinkansen.

T：Then, which is faster, Hokuriku-shinkansen or Tokaido-shinkansen ?

S：Tokaido-shinkansen is faster than Hokuriku-shinkansen.

T：That's right. Now **which shinkansen is the fastest of the three?**

S：**Tohoku-shinkansen is the fastest**（of the three）．

②テーマを変えて速さを比べる表現を練習した後，大きさ，高さ，長さ，新しさなど多様な表現に触れさせ，まとめを板書で整理する。

38 more と the most

⏱ 10〜15min　1年　**2年**　3年

✏ 比較級／最上級

English is more interesting than science. / English is the most interesting of all subjects.

1　ねらい

●表現内容
- 身のまわりにあるものの面白さや美しさなどを比べる表現ができる。

●文法／言語材料
- more〜, the most〜を使って3つ以上のものを比べて説明することができる。

2　導入のポイント

- 導入段階で生徒は，more, the most と〜er, the 〜est との使い分けは理解していない。最初に語彙や文法の説明を行う方法も考えられるが，ここでは more や the most と一緒に使う形容詞のリストを提示し，それを見ながら生徒が自然に口頭練習や表現活動に参加できるよう支援する。音声と文字の両方に触れさせながら英語に苦手意識をもつ生徒にも無理なく理解を促したい。
- 導入時に提示する語彙リストの例

興味深い	interesting	more interesting	the most interesting
難しい	difficult	more difficult	the most difficult
美しい	beautiful	more beautiful	the most beautiful

●板書例
◆ more ~, the most ~ を使った表現
　English is |more interesting| than science.
　　　　　　　　より興味深い
　English is |the most interesting| of all subjects.
　　　　　　　　　最も興味深い
◆ more, the most と一緒に使われる語
　（2音節）careful, useful, famous　など
　（3音節）difficult, beautiful, important, popular　など

3　導入の手順と方法

①最初に左ページの語彙リストを掲示し，興味ある教科について話し合う。
T：（時間割を指さして）Look at the class schedule on the wall.
　（数学と英語のどちらが興味深いかたずねる）Which subject is MORE INTERESTING, math or English?
　（まず教師が自分の考えを述べて答え方のモデルを示す）English is MORE INTERESTING than math for me. What do you think?
S：（数名に答えさせる）Math（English）is more interesting for me.

②理科と数学のどちらが難しいか話し合う。（ペア練習も可）
T：Which is more difficult, science or math?
S：（数名に答えさせる）Science/ Math is more difficult for me.

③ディズニープリンセス3人の絵を見せて，最も美しいのはだれか話し合う。
T：Who is the MOST BEAUTIFUL, Cinderella, Snow White, or Bell?
S：I think Cinderella is the most beautiful of the three.
※参考　映画『Snow White』では the fairest を使って表現されている。

⏱ 10〜15min　　1年　　**2年**　　3年

39 小さなお願いきいてくれる？

> ✏ **依頼と許可**
> Could you open the door? / May I take a picture here?

1　ねらい

●表現内容
・相手に何かを頼んだり，許可を求めたりすることができる。

●文法／言語材料
・Could you 〜？（依頼）May I 〜？（許可）の表現を使ってやりとりすることができる。

2　導入のポイント

・何かをお願いする場合生徒たちは Please 〜. を使った表現にはよく慣れ親しんでいる。Open the door. よりも Please を使って Open the door, please. と言った方が丁寧な表現にはなるが，それが命令文であることには変わりない。相手や状況に応じて Could you 〜？ や May I 〜？を使って丁寧に依頼したり許可を求めたりすることも必要なことを教えたい。そこで本時は，「指定された時間の中で Could you 〜？や May I 〜？を使って依頼したり許可を求めたりすることができれば，相手はその望みを受け入れなければならない」という特別ルールを設定し，生徒が楽しみながら積極的に英語を使う活動を行う。

●板書例
◆丁寧に依頼をする表現
　[Could you] open the door?（～してくださいますか）
◆丁寧に許可を求める表現
　[May I] take a picture here?（～してもよいですか）
　※ Can I ~?（～してもいい？）：可能かどうかをたずねる

3　導入の手順と方法

①ウォーミングアップ（命令文の復習）として，生徒は TPR*（教師の指示にしたがって動作）を行う。*TPR：Total Physical Response
・Stand up. / Sit down. / Look at the board. / Open your text book to page ten. / Turn around. / Tell me your name. / Close your eyes. など

② Could you ～？と May I ～？の意味について説明（板書例参照）を行った後，これらの表現を使って生徒が依頼または許可を求めた場合には教師は快く応じることを伝える。ただし制限時間は１分間であることを伝える。
T：Today if you ask me something using "Could you ～?" or "May I ～?" I'll say "Sure" or "Of course." You can ask me anything but you have only one minute to ask me. Please try!（必要に応じてペアやグループに作戦タイムを与える。）
S：Could you open the window? / Could you come here? / May I sleep now?
※教師は "Sure" や "Of course." と言いながら生徒の要求を受け入れる。多少稚拙な英語でも寛容に受け入れ，生徒の積極的な言語活動を支援したい。

③ペアやグループで役割を決めて②と同様に練習を行う。

40 驚きと不満　何て○○なの！

✎ 感嘆文

How beautiful (this song is) ! / What a difficult question (it is) !

1　ねらい

●表現内容
・驚きやとまどいの表現を述べることができる。

●文法／言語材料
・How〜！や What〜！を用いて驚きやとまどいの表現を述べることができる。

2　導入のポイント

・生徒の様子や教室の中にあるものに着目させ，教師がおおげさに驚きながらその様子を英語で説明していく。

・生徒が既習の感嘆文を聞いたり文字で読んだりした場合，その内容を理解することは特に難しいことではないと思われる。ただその運用となるとHow と What の使い方に戸惑う生徒が多く見られる。導入では How または What のどちらか一方に特化して活動を行い，もう一方については改めて板書やワークシートなどを使って２つの表現を比較しながら説明することで生徒を混乱させないように配慮する。

●板書例

◆感嘆文（なんて○○なんだろう！）

　|What| a difficult question (it is)！
　　　　形容詞＋名詞
　|How| beautiful (this song is)！
　　　　形容詞（または副詞）

3　導入の手順と方法

①数学の教科書に着目させ驚きの場面を表現する。

T：Could you show me your math textbook?

S：Here you are.

T：（驚いた表情で）Everybody, look at page 99. Wow, **what a difficult question this is!**（教師が驚いた理由を説明し目標文をもう一度聞かせる）Do you know why I am surprised now? This question is very difficult, so I said, **"What a difficult question!"**

②生徒に赤ペンを借りてその優しさに対して喜びの感情を表現する。

T：I left my red pen in the teachers' room. Can I borrow your pen?

S：Sure.

T：Thank you very much. **What a kind boy!**

③ペアで教科書の問題を見たり，文房具の貸し借りをしたりしながら，What a difficult (an easy) question! や What a kind boy (girl)！などの練習を行う。

④板書で感嘆文の構造についても比較しながら整理する。

| 10〜15min | 1年 | 2年 | **3年** |

41 だれの作品？

✏️ 受動態

This picture was painted by Van Gogh.

1 ねらい

●表現内容
・ある作品や建築物などについて適切な視点から説明することができる。

●文法／言語材料
・「be動詞＋過去分詞」の表現を使って受動態の文を表現することができる。

2 導入のポイント

・だれもが一度は見たことがある絵画，アニメ，建築物などについてそれがだれによって作られたか，いつ作られたかなどについて実物を見せながら紹介する。

・新文型を提示する際には，was painted by〜→ was built by〜→ was built in〜のように文の一部を少しずつ変えながら，生徒が自然に多様な表現に触れることができるように工夫を図りたい。

● 板書例

◆ 受動態の表現

This picture was painted by Van Gogh.
　　　　　描かれた　　ゴッホによって

◆ ポイント
- 「am, is, are ＋過去分詞」＝～される，～されている
- 「was, were ＋過去分詞」＝～された，～されていた

3　導入の手順と方法

A

B

生徒の校舎の写真

① Picture A がだれによって描かれたか，いつ描かれたかを説明する。

T：Do you know this picture? **This picture was painted/drawn by Hokusai.** Do you know when this picture was painted?（しばらく待って）**This picture was painted in the 1830s**（in the 18th century / in the Edo era）.

② Picture B がだれによって建てられたか，いつ建てられたかを話し合う。

T：What's this building?　　　→ S：It's Kinkakuji-temple.
T：**This temple was built by …**　→ S：Ashikaga Yoshimitsu.
T：When was this temple built?　→ S：**It was built in the 14th century.**
（この後，校舎の写真を見ながら自分たちの学校がいつ建てられたかを話し合い，英語で表現してみる）

10〜15min　1年　2年　**3年**

42　あなたを幸せにしてくれるものは？

> ✏️ make A + B
>
> This song makes me happy.

1　ねらい

●表現内容
・気持ちや状態の変化を表すことができる。

●文法／言語材料
・「make ＋（代）名詞＋形容詞」の表現を用いて，気持ちや状態の変化を表すことができる。

2　導入のポイント

・What makes you happy?「あなたを幸せにしてくれるものは？」を課題に，生徒に自分自身の幸せについて考えさせ，それを英語で表現させる。導入では目標文1文で表現するが，実態に応じてサポート文を付け加えさせてもよい。

・なかなか答えを見つけられない生徒には，次のような補助質問を通して生活の中に隠れている様々な幸せを引き出してあげたい。（できれば英語で）
「1日の中で1番好きな時間は？なぜ？」→給食・おいしいから
「1週間で1番好きな曜日はいつ？なぜ？」→日曜日・友だちと遊べるから
「1番好きな月は？なぜ？」→8月・夏休みがあるから

●板書例
◆気持ちや状態の変化を表す表現
　This song makes me happy. （私を幸せにする）
◆補足
　・「make ＋（代）名詞＋ 形容詞」＝〜を……にする。
　・The news made him sad. （その知らせは彼を悲しませた）

3　導入の手順と方法

①学習課題「あなたを幸せにしてくれるものは？」について，教師自身の幸せについて多様な表現を紹介する。

T：When do you feel happy? I feel happy when I read a book. In other words, **reading books makes me happy.** In my school life, **the lunch time makes me happy.** In a week, **Saturday makes me happy** because I can read a lot of books, but **Monday makes me blue** because ……．

②グループ内で「自分を幸せにしてくれるもの」について発表させる。

T：Now, it's your turn. Please exchange your answers in your group.
　（教師はグループをまわりながら個別支援を行う。）

③生徒１人ずつにそれぞれの考えを発表させる。

T：Now, I'd like to know what makes you happy. Please tell me one by one.

S：**Summer vacation makes me happy. / A birthday present makes me happy. / Shopping makes me happy. / My friends make me happy.**

その他の課題：What makes (made) you excited / bored / sad / tired ? など

⏱ 10〜15min　　1年　　2年　　**3年**

43　日本の文化紹介

> ✏ **Show & Tell**
> It was built in〜. /It is used when 〜. /It's made of 〜. /It's held in〜. /It's a kind of 〜. /You can〜. /I think 〜. など

1　ねらい

●表現内容
・日本の文化について説明することができる。

●文法／言語材料
・受動態の文　他

2　導入のポイント

・まずクイズ形式で日本の文化紹介を行い，生徒は何の説明かを当てる。次に本時の学習課題を確認した後，教師はShow & Tellでゴールとなるモデルを示す。
・テーマは「寺社」「道具」「食べ物」「行事」などが指導しやすい。
・テーマ別に下のような役立つ表現を一覧にまとめて配布するとよい。

　寺社　：It was built in〜（年代・世紀）/ 〜ago.（〜年前）
　道具　：It is used when you〜.（〜するときに使います）
　食べ物：It is made of〜. / from〜.（〜でできている）It tastes〜.（〜味がする）
　行事　：It is held in〜.（〜に行われます）

● 板書例

◆建築物の紹介例（法隆寺）

テーマ	This is one of the most famous temple in Japan.
名称	It's called Horyuji. / We call it Horyuji.
特徴1	It is made of wood and the oldest building in Japan.
特徴2	It was built more than 1400 years ago.
コメント	I'm looking forward to visiting it on a school trip.

3　導入の手順と方法

①生徒は「法隆寺」（クイズ形式）の説明文を聞いて，それが何であるか当てる。

T：This is one of the most famous building in Japan. It is made of wood. It was built in the 7th century. What is it?

S：It's Horyuji-temple.

②教師は「日本の文化紹介を考える（3文以上）」という本時の目標を伝える。テーマは「寺社」「道具」「食べ物」「行事」などの中から選ばせる。

③モデルとして教師は法隆寺のスライドを見せながら Show & Tell（板書例参照）を行う。

④生徒はワークシートにクイズの説明文を書く。項目にしたがって書き込めるものがよい。

10〜15min　1年　2年　3年

44 私が続けていること

> ✏️ 完了形（継続）
> I have loved this song since I went to his concert. / Azusa has loved America since she was little.

1　ねらい

●表現内容
・これまでずっと続いていることについて述べることができる。

●文法／言語材料
・現在完了形（継続）：「have / has ＋ 過去分詞」の表現を使って過去から現在まである状態が続いていることを述べることができる。

2　導入のポイント

・導入では教師自身が「ずっと好きなもの」や「続けていること」について，そのきっかけ（いつからそうなのか）を交えて説明することで生徒にとって興味深いプレゼンとなる。
・生徒には本時の表現を使って友だちの知らない自身の意外な側面も表現できるように，未習の語句は辞書等を積極的に使わせながら多様な表現を引き出す工夫を図りたい。文型の理解だけにとどまらず，時には人の心を揺さぶるメッセージ性のある1文を表現できるように支援したい。

●板書例
◆現在完了形（継続）
　I have loved this song for five years.
　　　　　　　　　(since I went to the concert).
　Azusa has loved America since she was little.
◆ポイント
・「have / has ＋ 過去分詞」＝「ずっと～です」
・文のあとによく使われる表現
　for ~（期間）や since ~（過去のある時点）

3　導入の手順と方法

①教師が大好きな曲に出会ったときの様子について説明する。

T：（音楽を流して）Do you know this song? This is one of my favorite songs. I first met this song when I went to the concert. It was five years ago.

②①で説明した内容を現在完了形の英文で表現する。

T：Do you like this song? **I have loved this song for five years.** In other words, **I have loved this song since I went to the concert.**

③生徒の理解を確認しながら，板書に整理してまとめる。

T：Now I'd like to ask you a question. When did I (know / first meet / come to like) this song?

S：Five years ago. / When you went his concert.

T：You're right.（②の太字の英文を整理して板書にまとめる。）

10〜15min　1年　2年　3年

45 こんな経験ありますか？

> **完了形（経験）**
>
> Have you ever been to Okinawa? / Yes, I have. I have been there once. / No, I have not. I have never been there.

1　ねらい

●表現内容

・これまでしてきた経験について述べることができる。

●文法／言語材料

・現在完了形（経験）：「Have you ever（過去分詞）?」の質問に「Yes, I have. / No, I have not.」を使って応答することができる。

2　導入のポイント

・英語を使って生徒に「have ＋過去分詞」が「経験」の意味を表すことに気付かせるために，まず教師は既習の過去形を使って「私は3年前に初めて○○した。そして昨年も○○した。」という説明を行い，次に「これを言い換えると（In other words の表現を教えておく）今までに2回○○したことがある。（本時の目標文）という表現ができます。」のような手順で目標文の導入を行う方法がある。生徒が混乱しないように板書で丁寧に整理しておくことも重要である。

●板書例

◆現在完了形（経験）

質問　Have you ever been to Okinawa?
　　　　〜へ行ったことがありますか

答え　Yes, I have. I have been there twice.
　　　No, I have not. I have never been there.

◆ポイント
- been ＝ be動詞（am, is, are）の過去分詞
- 「have / has ＋ 過去分詞」＝「〜したことがある」
- 「経験」を表す完了形でよく使われる表現
  Have you ever ~?（〜したことがありますか）
  I've never（過去分詞）.（一度も〜したことがない）
- 回数を表す表現　once / twice / three times / some times / many times

3　導入の手順と方法

①教師が過去に行った場所について過去形で説明する。

T：I went to Okinawa three years ago. I also went there last year.（完了形に言いかえる）In other words, **I have been to Okinawa twice.**

※教科書の内容に応じて have been to 以外の導入も考慮する。

②教師の質問に生徒は Yes, No で答える。詳しい答え方は板書で説明したあとに改めて練習するとよい。ここはテンポよく行い，多様な表現に触れさせる。

質問の例）Have you ever（played chess / seen a ghost / climbed Mt. Fuji）?

| ⏱ 10〜15min | 1年 | 2年 | **3年** |

46 もう○○した？／ちょうど○○したところ

✏️ 完了形（完了）

Have you finished your homework yet? / Yes, I have just finished it. / No, I have not finished it yet.

1 ねらい

●表現内容
・すでにし終えていること（いないこと）について述べることができる。

●文法／言語材料
・現在完了形（完了）：「Have you finished（過去分詞）yet？」「I have just（過去分詞）.」などの表現を使って，すでにし終えていること（いないこと）についてやりとりを行うことができる。

2 導入のポイント

・教科書の配列にもよるが，現在完了形の「継続」「経験」に続いて「完了」の表現を学習する場合，生徒にとって文の構造自体は新しいものではない。疑問文と否定文で使われる yet の意味を除けば，話された英文の意味を類推することも不可能ではないと思われる。「宿題」や「他教科の学習内容」などの話題について生徒とのやりとりを通して自然な導入を図りたい。

● 板書例

◆現在完了形(完了)

質問　Have you finished your homework yet?
　　　もう～を終えましたか

答え　Yes, I have. I have just finished it . *just の位置
　　　No, I have not. I have not finished it yet .

◆ポイント　下線部の意味と文中の位置に注意！
・Have you (過去分詞) yet? =「もう～しましたか」
・I have just (過去分詞). =「ちょうど～したところです」
・I have not (過去分詞) yet. =「まだ～していません」

3　導入の手順と方法

①生徒と宿題の状況について話し合う（have finished～）

T：(書類を手に持って) I have to finish this work today, but I have not finished it yet. Have you finished your（宿題の出ている教科名）homework yet?
S1：Yes, I have.　　→T：Great! I'm proud of you.
S2：No, I have not.　→T：I see. You have not finished it yet. Go for it.

②他教科の学習内容について話し合う（have studied ～）

T：Have you studied about (World War Ⅱ) in the (history) class yet?
S：No, I have not studied it yet.

③疑問文と否定文で使う yet や just などの意味について板書で整理する。

47 あなたの感想は？

✎ 不定詞（原因を表す副詞的用法）
I am glad to hear that.

1　ねらい

●表現内容
・理由をそえて気持ちを述べることができる。

●文法／言語材料
・「形容詞＋to＋動詞の原形」の文型を使って，気持ちとその原因や理由を述べることができる。

2　導入のポイント

・生徒へ特定の質問を行い，Yes または No の回答を聞いて，教師が I am glad to hear that.（それを聞いて嬉しい），I'm sorry to hear that.（それを聞いて残念），I am surprised to hear that.（それを聞いてびっくりした）などの感想を英語で伝えることによって，目標文を紹介する。

【参考】下線部は生徒の実態に応じてアレンジしてもよい。
・Did you study English last night?（昨夜は英語の勉強をした？）
・Have you finished your homework yet?（宿題はもう済んだ？）
・Do you help your mother with her housework?（家事の手伝いはする？）

●板書例
◆不定詞：原因を表す副詞的用法
　I am glad |to hear that|.（私はそれを聞いて嬉しい）
　　　　　形容詞　　to（動詞の原形）
◆ポイント
・I am（形容詞）to（動詞の原形）．=「～して…だ」
・感情を表す形容詞：glad / sorry / surprised / sad / excited など

3　導入の手順と方法

①生徒に，「昨夜，英語の勉強をしましたか？」と1人ずつ英語で質問する。
T：I have a question. Did you study English last night?

②生徒の回答に応じて，「それを聞いて嬉しい」または「それを聞いて残念」の気持ちを述べる。
S1：Yes, I did. → T：I am *glad to hear that. / I am **surprised to hear that.
S2：No, I didn't. → T：I am ***sorry to hear that.

③教師と生徒のやりとりから「*glad＝嬉しい」「**surprised＝驚いた」「***sorry＝残念」の意味を類推させ，必要に応じて他の質問を行い，それらの語の意味と使い方に気付かせる。他の質問例は左ページの【参考】を参照。

④ペアやグループで互いに「昨夜勉強したか」「宿題は済んだか」「家事の手伝いはするか」などについて質問し，相手に自分の気持ちを述べる。生徒の実態に応じて質問と気持ちの述べ方は，活動の前に板書で示しておくとよい。

48 さようならカタカナ英語

✎ 発音
light-right / bus-bath / sink-think 他

1 ねらい

●表現内容
・ＬとＲなどの音の違いに注意して発音することができる。

●文法／言語材料
・英語特有の音に注意して，lice − rice, light − right などの語を適切に発音することができる。

2 導入のポイント

・クラス全体に What do you usually have for breakfast? の質問を行い，何名かの生徒が I eat "ライス（Lice のような発音）." と答えたところで，Really? I'm surprised to hear that. と感想を伝える。生徒の頭に？マークが浮かんだところで Lice と Rice の写真を見せ，ＬとＲの発音の重要性（カタカナ式発音の不完全さ）に気付かせる。
・英語の場合，綴りと発音の関係については，必ず一致するものばかりではないが，【ＬとＲ】【ＳとTH】【ＢとＶ】などについては１年次から日本語のカタカナ式の発音との違いも含めて適宜指導を行っておきたい。

● 板書例
◆綴りによって発音と意味が異なる語
【L と R】 lice（シラミ） － rice（米）
　　　　　light（光，軽い） － right（右，正しい）
◆その他
【S と TH】 bus（バス） － bath（お風呂）
　　　　　sink（シンク，沈む） － think（思う，考える）
【B と V】 base（土台） － vase（花びん）
　　　　　belly（お腹） － berry（ベリー） － very（とても）

3　導入の手順と方法

①クラス全体に朝食に何を食べるかをたずね，1人ずつ答えさせる。

T：What do you usually have for breakfast?
S1：I eat bread and butter ／ S2, 3, 4：I eat ライス．（lice のような発音で）
T：（驚いて）Really? I didn't know that. I'm surprised to hear that.

②シラミとご飯の写真を提示し，LとRの違いに気付かせてから発音練習を行う。【L】舌の先を上歯の裏側に接触させながらラリルレロの要領で。

lice=louse の複数形

rice

【R】舌の先を口腔内のどこにも接触させずにラリルレロ。音を出す直前は口をすぼめてゥラ，ゥリ，ゥル，ゥレ，ゥロのように発音する。コツは最初のゥの音を強調しすぎないこと。

10〜15min　1年　2年　3年

49 誘う／応じる／断る

🖉 誘い
Would you like to come with me? / I'd love to. / I'm sorry, I can't.

1 ねらい

●表現内容
・人を誘ったり，提案したり，それに応答したりすることができる。

●文法／言語材料
・Would you like to 〜? の表現を使って人を誘ったり，その誘いに応じたり断ったりすることができる。

2 導入のポイント

・最初に教師がモデル対話を提示する。モデルの相手は ALT に頼むとよい。
・生徒はモデル対話の一部をアレンジしてペアで創作対話を考える。
・対話を創作させる際には次の点について設定を考えさせる。
　(1)対話を行う２人の関係（店員と客，先輩と後輩，恋人同士など）
　(2)何に誘うか，何をしようと提案するか
　(3)誘いに応じるか，断るか
・(1)(2)(3)について自己決定ができない生徒がいる場合は，あらかじめ設定の書かれたカード（２人の関係，誘いの内容，応じるか断るか）を用意しておき，生徒に選ばせる方法もある。

●板書例
◆誘ったり提案したりする対話を創作しよう
※(出会いの挨拶など,自由にやりとりを行う)
A : I'm going to (go to a concert) next month.
B : (Whose concert is it?)
A : (It's Johnny's.) Would you like to come with me?
B : 応じる場合:I'd love to. When and where shall we meet?
　　断る場合:I'm sorry, I can't. (I have other plans. I have to meet my …)
A : ※(Bの発言に応じて自由に)

3 導入の手順と方法

①教師とALTが板書の対話を演じる。ALTがいない場合は,任意の生徒に台本を渡して一方の役を演じてもらう。
※印の部分には台本にセリフは書かれていない。準備なしで演じる。

②台本の( )内の部分をペアでアレンジして創作する。※印の部分はあえて準備させない。そうすることで創作時間を大幅に短縮することができ,発表時の偶発的で楽しい会話を期待することができる。この際( )内が空欄になったワークシートを配布するとよい。( )内に英語は記入させずに口頭でセリフを準備させてもよい。

③上の活動中にあらかじめ指名しておいたペアに発表させる。
〈留意点〉
・スキットを演じる前に場面や人物の設定を発表させる。
・最初のうちは,台本(ワークシート)を見て発表させてもよい。
・多様な表現に慣れさせるため,誘いに応じるパターンと断るパターンを織り交ぜながらいろいろなペアに発表させる。

50 そのやり方知ってる？

✎ 疑問詞 + to

Do you know how to count rabbits in Japanese?

1 ねらい

●表現内容
・やり方やすべきことについて述べることができる。

●文法／言語材料
・「疑問詞 + to +動詞の原形」：how や what のあとに「to +動詞の原形」を続けて「どのように〜するか」「何を〜するか」などについて述べることができる。

2 導入のポイント

・Do you know how to play (kendama)？や Do you know how to draw (Mickey Mouse)？などのようにクラス全体に問いかける。（ ）内の語は実際に教師がやり方を示すことのできる内容にしておく。質問の内容を類推して Yes, I do. と答える生徒がいれば実際にクラス全員の前で披露してもらい，Great！ You know how to 〜. と言って賞賛する。できる生徒がいない場合は教師が，I'll show you how to 〜. と言ってやり方を示す。友だちや教師のデモンストレーションが生徒全員の関心を一点に集め，生徒の学習意欲を引き出したり，目標文の内容理解を促したりしてくれることが期待できる。

●板書例

◆【疑問詞 ＋ to】の使い方
　Do you know how to count rabbits in Japanese?
　（あなたは日本語ではどのようにウサギを数えるか知っていますか）
◆ポイント
　・「how ＋ to（動詞の原形）」＝「どのように〜するか」
　※ I don't know what to do.（何をすべきか）
　※ Could you tell me where to go?（どこへ行くべきか）

3　導入の手順と方法

①生徒にけん玉の遊び方を知っているかたずねる。
T：（けん玉を手に持って）**Do you know how to play kendama?**
S1：No, I don't.
S2：Yes, I do.
T：**Could you show me how to play it?**
S2：（けん玉を実際にやってみる）
T：**Great！You know how to play kendama.**

②生徒に日本語で（ウサギ）の数え方を知っているかどうかたずねる。
T：Then, **do you know how to count（rabbits）in Japanese?**
S3：No, **I don't know how to count（rabbits）**．
S4：Yes, **I know how to count（rabbits）**．実際に数え方を披露する。

その他の質問例）Do you know how to write（rose）in kanji? / Do you know how to make（a plane）with origami? など実演に時間のかからないものがよい。できれば日本の文化紹介につながる内容が好ましい。

Part2　中学校英語　導入のアイデア60　115

⏱ 10〜15min　　1年　　2年　　**3年**

51　私にとって必要なこと／興味深いこと

> ✏ It is 〜 for 〜 to 〜.
> It is necessary for me to help my mother.

1　ねらい

●表現内容
・人にとって必要なことや興味深いことなどを述べることができる。

●文法／言語材料
・「It is 〜 for 人 to（動詞の原形）.」の文型を使って，人にとって必要なことや興味深いことを述べることができる。

2　導入のポイント

・必要なこと，難しいこと，興味深いことなどについて生徒と教師がやりとりしながら導入を行う。それぞれの生徒が意外な一面を自己開示しながら相互理解を行い，英語の授業を通してより円滑な人間関係を構築できたら素晴らしい。使用語彙の精選も重要である。「boring（退屈な）」のようなネガティブな内容を表現させることで逆に積極的に言語活動に加わろうとする生徒も出てくる。

・前もってこの文型でよく使われる形容詞（necessary, difficult, easy, important, boring など）の意味を復習しておくとよい。そうすることで新文型に対する生徒の学習負荷を軽減させることが期待できる。

●板書例
◆「It is ～ for (人) to (動詞の原形) .」
　It is <u>necessary</u>　for <u>me</u>　to <u>help my mother</u>.
　　　必要です　　私にとって　母を手伝うこと
◆ポイント
・It は to 以下の内容を示す。
・役に立つ形容詞 (difficult, interesting, easy, important, boring など)

3　導入の手順と方法

①生徒に「必要なこと」「難しいこと」「興味深いこと」は何かたずねる。

T：What is necessary, what is difficult, or what is interesting for you（to do）? My mother is very busy every day.（しばらく考える時間を与えて）

(　It is necessary 　のカードを掲示して) It is necessary for me to help her.
(　It is difficult 　のカードを掲示して) It is difficult for me to write kanji.
(　It is interesting 　のカードを掲示して) It is interesting for me to talk with my students.

②教師にとって必要なこと，難しいこと，興味深いことを全員で言い，文型に慣れる。

T：What is necessary for me? S：It is necessary for you to help your mother.
T：What is difficult for me? S：It is difficult for you to write kanji.
T：What is interesting for me? S：It is interesting for you to talk with your students.

③教師は上の3つに加えて，　It is important 　It is boring 　のカードを掲示し，生徒は好きなテーマを選んで，各自の考えをペアやグループで交換し合う。

| 10〜15min | 1年 | 2年 | **3年** |

52 あなたにしてほしいこと

✏ want ＋（人）＋ to 〜
I want you to read the book.

1　ねらい

●表現内容
・人にしてほしいことを述べることができる。

●文法／言語材料
・「want ＋（人）＋ to ＋動詞の原形」の文型を使って人にしてほしいことを述べることができる。

2　導入のポイント

・本時の表現は，文の前半が聞き取れなかったり意味が分からなかったりしても to 以下を聞き取ることができれば，聞き手にとっては結果的に命令文で指示された場合と全く同じ行動を取ることになる。日本語の説明を介さずに，このフレーズを使って生徒全員にいろいろな動作を行わせ，慣れてきたところで I don't want to 〜.（〜してほしくない）や I want (boys/ girls ／個人名) to stand up. の指示の内容や対象を変えながら，耳と体を使って目標文の意味や使い方に気付かせていきたい。指示の内容は瞬間的にできるものや動作の結果が目や耳で確認できるものがよい。

●板書例
◆(人) に〜してほしい
I |want| you |to| read the book.
　　　(人)　　　してほしいこと
◆ポイント
・「want（人）to（動詞の原形）」＝「（人）に〜してほしい」
・（人）の部分は代名詞の目的格：me, you, him, her, us, them

3　導入の手順と方法

①クラス全体に「あなた方に〜してほしい」と伝える。
T：I want you to listen carefully and take actions.（よく聞いて行動してほしい）
　I want you to open your textbook to page 10.
　（教科書を開くのを確認して）I want you to read the book aloud.
　（教科書の音読を確認して）I want you to close the book quickly.

②「男子に〜してほしい」「女子に〜してほしい」と伝える。
例）I want boys to stand up. / I want boys to sit down. / I want girls to raise your left hand. / I want girls to say hello. など

③「I want（個人名）to 〜.」「I don't want boys（girls）to 〜.」など動作と対象を変えながら指示を出し，英語の内容を理解しているか確認する。
例）I want Taro to borrow me a pen. / I want boys to give a big hand to Taro. / I don't want girls to be silent.

④I want you to〜. の表現を使ってペアやグループで相手にしてほしいことを英語で伝え合う。I want you to stop talking. と言って活動を止める。

| 10〜15min | 1年 | 2年 | **3年** |

○○するように言う

> ✏ tell ＋（人）＋ to 〜
>
> Could you tell him to call me back?

1　ねらい

●表現内容
・人に伝言を頼むことができる。

●文法／言語材料
・「tell ＋（人）＋ to ＋〜」の文型を使って，伝言を頼むことができる。

2　導入のポイント

・友だちを介して別の友だちに何かをしてもらう体験型の学習を試みる。最初に教師がクラス全体に "Could you tell him（her）to borrow me a book?" と伝言を頼む。このとき him と her は T2 あるいはクラスの任意の生徒に決めておき，その人物には一時的に伝言の内容が聞こえないようにしておくなどの演出があるとなおよい。him と her になる生徒を何人か変えながら，「教師が伝言を頼む」→「生徒たちは本人に聞いた内容を伝える」→「伝言を受けた本人は何らかの行動を起こす」というルーティーンを何度か繰り返し，目標文の形式に慣れたら次は生徒同士で同様に伝言の練習を行う。

・まとめの段階では板書やワークシートを使って正しい語順を意識させる。

●板書例
◆(人)に～するように言う
 I told you to sit down.
         着席するように
 Could you tell him to call me back?
         私に電話をかけ直すように
◆ポイント
・「tell＋(人)＋to＋動詞の原形」＝「(人)に～するように言う」
・(人)の部分は人名または代名詞の目的格：me, you, him, her, us, them

3 導入の手順と方法

① 「I told you to ～.」を使って生徒の着席や授業準備などの状態をほめる。
例）When you enter this school, **I told you to sit down** when the chime rings. Now all of you are sitting. I'm proud of you. Also **I told you to prepare your book and notebook on the desk.** You have already done it. I'm very proud of you. （教師がどんなことをほめているのかざっくりと考えさせる。）

② 「Could you tell him (her) to ～?」を使って生徒に伝言を頼む。him (her) 役はあらかじめ数名の生徒に頼んでおく。
T：Could you tell Shohei to borrow me a pen?
S：Shoheiに教師の言ったことを伝え，Shoheiは教師にペンを貸す。下線部を open the window / turn on the light などに変えて練習する。

③伝言する役を教師から生徒に変えて練習し，板書で整理する。

| 10〜15min | 1年 | 2年 | 3年 |

メガネをかけている男の人は？

後置修飾（前置詞）

The man with glasses is my father. / The girl in a red shirt is my sister.

1 ねらい

●表現内容
- 「メガネをかけている男性」「赤いシャツを着ている女性」などの表現を使って人物の説明をすることができる。

●文法／言語材料
- 前置詞を使った後置修飾の表現を使って人物の説明をすることができる。

2 導入のポイント

- 教師は集合写真や雑誌のページを見せて，「メガネをかけている男の人は〜です」「赤いシャツを着ている女の人は〜です」のような説明を行い，生徒は聞き取った情報をメモし，その後発表する。聞き取りができたら次は生徒が写真を見ながら同様に人物の説明を行う。口頭練習では正しい語順に慣れるまでは，「The boy in a (green) cap is (人物名).」のように最初のうちは着ている服の色だけを変えて練習し，次に身に付けているものを変えて言わせるなど徐々に表現の幅を広げるように工夫する。

●板書例
◆前置詞を使った後置修飾
　The man with glasses is my father.
　　男の人　←メガネをかけている
　The girl in a red shirt is my sister.
　　女の子　←赤いシャツを着ている
◆ポイント
・人物 with ～：～を身に付けている（人物）
・人物 in ～：～を着ている（人物）

3　導入の手順と方法

① Picture A について，生徒は教師の説明を聞いてそれぞれの人物がだれかを考える。（例文：The man with a stick is my grandfather. など）

② Picture B について，生徒はどの人物がだれかを英語で説明する。
　（例文：The boy with a green cap is Ken. など）

※教科書の写真やイラストを使うと活動や表現の幅が広がる。

55 ○○している人が○○さんです

現在分詞（修飾）

Do you know the man playing the trumpet? / The man playing the trumpet is Tetsuo.

1　ねらい

●表現内容
・動作をしている人物について述べることができる。

●文法／言語材料
・「名詞＋現在分詞」の表現を使って動作をしている人物について述べることができる。

2　導入のポイント

・学校にある古い卒業アルバムを見せて，ある動作をしている（現在よりずっと若い）教師や先輩たちについて説明する。「～している男の人を知っていますか？」とたずね，生徒の答えを受けて「はい（いいえ）。～しているのは○○先生です。」と説明する。生徒たちは英語の説明とアルバム写真に興味津々になるはず。
・特徴的な動作を行っている写真が見つからない場合は「～の近くに立っている男性」や「～のとなりに座っている女性」などの表現を使うこともできる。

●板書例
◆〜している男の人
Do you know the man playing the trumpet?
　　　　　　　男の人　←（トランペットを吹いている）
The man playing the trumpet is Tetsuo.
　　男の人　←（トランペットを吹いている）
◆ポイント
・「名詞＋現在分詞（~ing）」＝「〜している（名詞）」

3　導入の手順と方法

①職員室で古いアルバムを見つけたことを生徒に説明する。
T：I found old albums in the teachers' room. Would you like to see them?
S：Of course!
T：OK. I'll show you some photos.

②アルバムの写真を生徒に見せながら，「○○している男の人を知っていますか」とたずねる。
T：Do you know the man playing the trumpet?
S：Yes, (I think) the man playing the trumpet is Tetsuo.
※下線部の表現を使って言えるように支援しながら繰り返し練習する。
※正解が出ても必ず何名かの生徒に自分自身の考えを発表させる。
※実態に応じて教師の質問の後，ペアで互いの考えを英語で交換させてもよい。
※アルバム以外に新聞や雑誌の写真を使って同様の活動ができる。習熟を図る練習ではグループによる活動も考えられる。

56 ○○で話されている言語は…

過去分詞（修飾）

The language spoken in Australia is English. / This is a smartphone made in Japan.

1　ねらい

●表現内容
- 「～されているもの」や「～されたもの」について述べることができる。

●文法／言語材料
- 「名詞＋過去分詞」の表現を使って「～されているもの」や「～されたもの」について述べることができる。

2　導入のポイント

- 「～で話されている言語は○○です」という表現を通して言語に関する理解を深め，「これは～で作られた○○です」という表現を通して身のまわりにあるものが世界のどこで作られているか興味をもつきっかけになればよい。前者については教師が生徒に音声で情報を与える受信型の学習，後者については生徒が自分で調べた結果を音声や文字で表現する発信型の言語活動に結び付ける。

●板書例
◆〜されている○○，〜された○○

The language spoken in Australia is English.
　言語　　←オーストラリアで話されている
This is a smartphone made in Japan.
　　　スマートフォン←日本で作られた

◆ポイント
・「名詞＋過去分詞」＝「〜されている（名詞），〜された（名詞）」

3　導入の手順と方法

①生徒に世界地図を見せながら，「〜で話されている言語は○○です」という説明を行う。生徒はどこでどんな言語が話されているかを聞き取りメモをとる。

説明の例）The language spoken in Australia is English.（China-Chinese, Spain- Spanish, Canada-English and French, など）

②生徒は聞き取ったメモをもとに，下の英文を見ながら口頭練習を行う。

The language spoken in （　国名　） is （　言語　）．

③生徒は自分の身のまわりにあるものについて，下の英文の空欄を補充する形式で調べたことを英語で発表する。（ペアやグループで言い合う。）生徒に発表文を準備させる前に教師が実物を見せながらいくつかモデルを示す。

This is a （　説明するもの　） made in （　国名　）．

10～15min　　1年　　2年　　**3年**

57　彼の誕生日いつか知ってる？

間接疑問文

Do you know when his birthday is? / I don't know where he lives.

1　ねらい

●表現内容
- 疑問詞を使って，自分が何かを知っているなどと述べることができる。

●文法／言語材料
- 「Do you know 疑問詞＋主語＋動詞？」のような間接疑問文の表現を理解し，使えるようになる。

2　導入のポイント

- 間接疑問文は，生徒にとってそれが初出の表現であってもその内容を類推することはあまり難しいことではない。右ページの導入例ではスライドを見ながら，有名人の名前，年齢，住所などについて最初は疑問詞以下に be 動詞を含む表現，次に一般動詞を含む表現を使って生徒とのやりとりを行う。
- 「話すこと」「書くこと」については語順に加えて時制や主語による動詞の語形などにも注意しながら，文構造を十分理解させておくことが必要である。

●板書例
◆疑問文が別の文の中に入った表現

　　　　　　　When is his birthday?
Do you know when his birthday is?
　　　　　　　（彼の誕生日がいつか）
　　　　　　　Where does he live?
I don't know where he lives.
　　　　　　　（彼がどこに住んでいるか）

◆ポイント
・疑問文が別の文の中に入ると「疑問詞＋主語＋動詞」の語順になる。
・時制や主語によって動詞の形に注意する。

3　導入の手順と方法

①写真を見て，その人物の名前や誕生日などについてやりとりを行う。

T：Do you know what his name is ?　　→S：His name is Ryosuke.
T：Do you know when his birthday is ?　→S：No, I don't.
T：Today is his birthday. Can you guess how old he is? →S：I think he is 40.

②ある人物が住んでいる場所についてやりとりを行う。

T：Do you know where he lives ?　　　→S：No, I don't.
T：I see. You don't know where he lives. He lives in the White House.

③上のやりとりで教師が使った表現について板書にまとめ整理する。

10〜15min　　1年　　2年　　**3年**

58 こんな友だちがいます

> ✎ 関係代名詞（主格）
>
> I have a friend who can sing very well. / I know a movie which makes people happy.

1　ねらい

●表現内容
・人やものについて詳しい情報を加えて説明することができる。

●文法／言語材料
・関係代名詞の who / which を使って，人物やものについて詳しい情報を付け加えて説明することができる。

2　導入のポイント

・教師が自分の友だちについて I have a friend who can ……. His name is ……. / I have a friend who likes ……. Her name is ……. などの表現を使って友だち紹介を行い（フィクションでもよい），生徒は聞き取った内容を発表する。
・次のように教師のクイズ形式の Small Talk から始める方法も効果的である。
【生徒に関するクイズ】I know a student who can run 100 meters in 11 seconds. Do you know who he is?
【有名人クイズ】（スティーブ・ジョブズの写真を見せて）This is a man who invented iPhone. Do you know his name?

●板書例
◆関係代名詞 who, which
　I have a friend who can sing very well.
　　　　友だち　←とても上手に歌うことができる
　I know a movie which makes people happy.
　　　　映画　←人々を幸せにしてくれる
◆ポイント
・「人」について説明を加えるときは関係代名詞の who を使う。
・「もの」について説明を加えるときは関係代名詞の which を使う。

3　導入の手順と方法

①教師は「人物」について説明し，生徒はその特徴と名前を聞き取る。

I have a friend who likes music. His name is Yuichi.

I have a friend who has been to America many times. Her name is Azusa.

I have a friend who teaches English very well. Her name is Rika.

②①で聞き取った内容について答え合わせを行う。必要に応じて再度英文を聞かせてもよい。

③①の下線部を変えて，実際にいる友だちについての説明文を発表する。

※「もの」の説明は下の例文の下線部をアレンジして上と同様に行う。
I know a story which makes people happy. It is Beauty and the Beast.
I want a Robot which can clean my room. It is Roomba.

10〜15min　1年　2年　3年

59 この人の○○，実は○○です

> ✏️ 関係代名詞（所有格）
> I have a friend whose father is a doctor. / I'm looking for a man whose name is Masashi.

1　ねらい

●表現内容
・人について詳しい情報を加えて説明することができる。

●文法／言語材料
・関係代名詞の whose を使って，人物について詳しい情報を付け加えて説明することができる。

2　導入のポイント

・興味深いエピソードをもつ友人や生徒についての Small Talk を行い，その内容を生徒に聞き取らせる。関係代名詞の文に加えてその背景なども英語で説明する。生徒を授業に引き込むことができるように教師の Small Talk を一工夫したい。次の例は筆者と同僚教師，生徒らの体験談より創作したもの。スライドを見せながら「I have a friend whose (brother) is a (famous athlete).」とエピソードを紹介する方法もある。
・母を有名歌手にもつ友人がいる。家には音楽スタジオがある。
・兄が有名スポーツ選手である教師がいる。家には室内練習場がある。
・両親が共に医者である生徒がいた。家族の診察は自宅のリビングで。

●板書例
◆関係代名詞 whose
I have a friend whose father is a doctor.
　　　　友だち　←その人の父親が医者である
I know a baby whose clothes are made in Italy.
　　　　赤ちゃん←その子の服がイタリア製である
◆ポイント
・ある人物の「関係する人」や「持ち物」についての情報を説明するときは関係代名詞の whose を使う。

3　導入の手順と方法

①教師の友人や知人についての説明を聞いて分かったことを話し合う。

T：I have a student whose parents are doctors. He doesn't have to go to hospital when he is sick.

S：先生には生徒がいる。その両親は医者。病気のときは医者に行く必要がない。

T：I have a friend whose brother is a famous athlete. There is a training room in his house.

S：先生には友人がいる。その兄は有名スポーツ選手。家にはトレーニングルームがある。

②生徒は（　）内の語を変えて自分の友だちや知人についての説明を考える。
I have a friend whose（hair）is（long）.（Her）name is（Kaori）.
Do you know a（man）whose name is（Hiroto）?

③生徒の作った説明文や導入の英文を使って板書で整理する。

60 自慢の一品　私が○○した○○です

⏱ 10〜15min　　1年　2年　**3年**

> ✏️ 関係代名詞（目的格）
> This is a picture that (which) I took in New York. / This is a T-shirt that (which) my brother gave me.

1　ねらい

●表現内容
- ものについて詳しい情報を加えて説明することができる。

●文法／言語材料
- 「a picture that (which) I took」のように関係代名詞の目的格を用いた表現を使ってものについて情報を加えて説明することができる。

2　導入のポイント

- 教師が写真や実物を見せながら「これは（人物）が〜した（もの）です」という内容の Show & Tell を行う。導入時の例文は「私が〜した（もの）」「私が〜する（もの）」のように様々な時制の動詞を扱ったり，「父が私にくれた（もの）」「母が作ってくれた（もの）」のように関係詞節の主語と動詞の両方を変化させたりしながら多様な表現に触れさせたい。
- 題材のまとめとして「Very Small Show & Tell」のような活動を設定し，一人3文程度の発表を全員に行わせるのも面白い。

●板書例

◆関係代名詞 that / which（目的格）

This is a picture that (which) I took in New York.
　　　　　写真　←私がニューヨークで撮った
This is a pen that I use when I write a letter.
　　　　　ペン　←私が手紙を書くときに使う
This is a T-shirt that (which) my brother gave me.
　　　　　Tシャツ　←兄が私にくれた

3　導入の手順と方法

①教師は3つのものについて説明する。生徒はそれらが「だれがどうするものか」に注意して聞く。

A：This is a picture that I took in New York.
B：This is a pen that I use when I write a letter.
C：This is a T-shirt that my brother gave me（, but it's a little big）.

②生徒は①で聞き取った内容を発表する。

A：先生がニューヨークで撮った写真。
B：先生が手紙を書くときに使うペン。
C：先生の兄弟が先生にくれたTシャツ（少し大きい）。

③①の英文をもう一度聞き取ってノートに書く。（あるいは板書を写す。）

④③で書き取った英文を1か所以上変えて自分の持ち物を説明する英文を作る。余裕のある生徒は情報を付け加えてさらに詳しい説明文を作る。

例）Look at this. This is a dictionary that my sister gave me. It is so heavy that I don't want to bring to school every day.

【著者紹介】

楽山　進（らくやま　すすむ）
富山高等専門学校准教授
富山大学人間発達科学研究科（修士課程）発達環境修了。
1964年富山県生まれ。1989年より28年間公立中学校教諭，2016年より現職。
「全国英語教育学会」「中部地区英語教育学会」「全国高等専門学校英語教育学会」などに所属。
近年の講演・出前講座等のテーマは以下のとおり。教員研修－「小学校外国語活動から中学校英語へのソフトランディング」「新学習指導要領を見据えた授業実践と評価」「CAIを活用したアクティブラーニングの構築」「4技能の総合的な指導と統合的な活用」「コミュニケーション能力の育成を図る言語活動」「英語に親しみ，積極的にコミュニケーションを図ろうとする子供の育成」。出前講座－「さようならカタカナ英語－英語の発音に慣れよう－」「英語のボキャブラリーを増やそう」。

〔本文イラスト〕みやびなぎさ

中学校英語サポートBOOKS
全員を授業に引き込む！中学校英語導入のアイデア

2019年2月初版第1刷刊	©著　者	楽　　山　　　　進
2020年1月初版第3刷刊	発行者	藤　原　光　政
	発行所	明治図書出版株式会社

http://www.meijitosho.co.jp
（企画）佐藤智恵・広川淳志（校正）川崎満里菜
〒114-0023　東京都北区滝野川7-46-1
振替00160-5-151318　電話03(5907)6703
ご注文窓口　電話03(5907)6668

＊検印省略　　　組版所　中　央　美　版

本書の無断コピーは，著作権・出版権にふれます。ご注意ください。

Printed in Japan　　ISBN978-4-18-087918-2
もれなくクーポンがもらえる！読者アンケートはこちらから→